하루 15분 질문하는 세계사

일러두기

- 이 책의 고유 명사(지명, 인명 등)는 미래엔 중·고등학교 역사 교과서와 국립국어원의 외래어 표기법을 따랐습니다.
- 역사 연도는 미래엔 중학교 역사 교과서를 기준으로 표기했습니다.

하루 15분 질문하는 세계사
❷ 통일 제국의 번성과 중세의 성립

글 신현수 | 그림 이경석 | 감수 조한욱
찍은날 2024년 12월 20일 초판 1쇄 | 펴낸날 2024년 12월 30일 초판 1쇄
펴낸이 신광수 | CS본부장 강윤구 | 출판개발실장 위귀영 | 디자인실장 손현지
아동인문파트 김희선, 설예지, 이현지 | 출판디자인팀 최진아, 강류아 | 진행 조진희 | 저작권 업무 김마이, 이아람
출판사업팀 이용복, 민현기, 우광일, 김선영, 신지애, 허성배, 이강원, 정유, 정슬기,
정재욱, 박세화, 김종민, 정영묵, 전지현
CS지원팀 강승훈, 봉대중, 이주연, 이형배, 이우성, 전효정, 장현우, 정보길
펴낸곳 (주)미래엔 | 등록 1950년 11월 1일 제16-67호 | 주소 서울특별시 서초구 신반포로 321
전화 미래엔 고객센터 1800-8890 팩스 541-8249 | 홈페이지 주소 www.mirae-n.com

ISBN 979-11-7347-010-3 74900
ISBN 979-11-6841-587-4 (세트)

ⓒ 신현수, 이경석 2024

하루 15분 질문하는 세계사

❷ 통일 제국의 번성과 중세의 성립

신현수 글 | 이경석 그림 | 조한욱 감수

Mirae Ⓝ 아이세움

"이미 지나간 과거의 사건들을 하나하나, 시시콜콜 알아야 하나요?"

역사를 알아야 한다고 하면, 이렇게 말하는 친구가 있을 것입니다. 하지만 과거의 사건은 단순히 과거에만 머무르지 않습니다. 과거의 하루하루가 쌓여 현재를 만들고, 그 현재가 쌓여 미래를 만들기 때문입니다. 그렇기에 현재를 이해하고 미래를 내다보는 안목을 기르기 위해서는 역사를 아는 것이 중요합니다. 그러면 또 이렇게 묻는 친구들이 있을 것입니다.

"그럼 우리나라의 역사만 알아도 되지 않나요?"

그렇지 않습니다. 다른 나라와 교류 없이 고립된 역사를 이룩한 나라는 없습니다. 전 세계 모든 나라는 다른 나라와 관계를 맺으며 끊임없이 흥망성쇠를 거듭해 왔습니다. 그렇게 형성된 세계 역사, 곧 세계사는 오늘날 세계정세에도 영향을 미치고 있습니다. 2022년에 일어난 우크라이나와 러시아의 전쟁이나 오랜 기간 지속된 인도와 파키스탄의 종교 및 영토 분쟁, 또 중국과 대만의 갈등은 떼려야 뗄 수 없는 나라 간 복잡한 역사적 관계에서 비롯되었습니다. 우리가 이러한 나라들의 역사를 알고 있다면, 뉴스를 보고 받아들이는 관점과 이해의 깊이가 남다를 것입니다.

하지만 까마득한 옛날, 최초의 인류가 등장한 때부터 오늘날 우리가 있기까지 약 420만 년간의 방대한 역사를 공부한다는 것은 초등학생 친구들에겐 선뜻 엄두가 나지 않는 일입니다. 게다가 지구 곳곳 수많은 나라의 얼키설키한 역사니까요.

『하루 15분 질문하는 세계사』 시리즈는 이처럼 길고 복잡하게 이어져 온 세계 역사에서 중요한 사건들을 골라 어린이들이 세계사의 핵심 흐름을 쉽고 재미있게 파악하도록 설명해 주는 책입니다. 지구에 유학 온 외계인과 그 외계인을 우연히 만나게 된 남매, 세계사 박사인 삼촌이 나누는 대화를 따라가면서 시대별로 가려 뽑은 세계사의 주요 순간들을 만나고 세계사에 대한 이해를 넓힐 수 있습니다. 하루 15분씩, 차례를 따라 이 책을 꾸준히 읽으며 인류의 역사적 발자취를 짚어 나가다 보면 어느새 세계사의 다양하고 복잡한 사건들을 이해할 수 있습니다. 뿐만 아니라 과거와 현재, 미래를 보는 안목이 한층 높아진 자신을 발견할 것입니다.

어린이 여러분이 주인공이 되어 만들어 나갈 미래도 응원합니다.

조한욱 (한국교원대학교 역사교육과 명예 교수)

머리말

나는 여러분만 할 때 세계사를 전혀 몰랐어요. 그때만 해도 어린이를 위한 세계사 책이 드물었고, 중학교에 가서야 세계사를 배울 수 있었으니까요. 요즘에는 텔레비전 프로그램이나 유튜브, 인터넷 등을 통해서 세계사 정보를 얻을 수 있지만, 예전에는 그런 매체도 없었지요.

더구나 학교에서의 세계사 시간은 몸이 배배 꼬일 만큼 지루하고 재미가 없었어요. 언제 어디서 어떤 사건이 일어났고, 어떤 인물이 무엇을 했는지 밑도 끝도 없이 그저 달달 외워야 했으니까요. 그래서 수업 시간에 꾸벅꾸벅 졸거나 딴짓하다가 선생님께 야단을 맞고 벌을 서기 일쑤였어요. 그러다 보니 세계사라면 진저리를 내며 고개를 절레절레 흔들었고, 시험 점수도 형편없었지요.

그런데 어른이 되고 보니 세계사를 모르면 이 세계, 이 사회가 왜 이렇게 돌아가는지 알 수 없더라고요. 오늘날 세계는 '지구촌'이라는 큰 울타리 안에서 과거보다 훨씬 다양한 영향을 주고받으며 살고 있어요. 그래서 세계 여러 나라들과 교류하려면 그 나라의 역사를 잘 알아야 해요. 그 나라의 역사를 알면 그 나라 사람들이 어떤 생각과 가치관을 가졌는지 좀 더 쉽게 이해할 수 있거든요.

그때부터 나는 세계사에 관심을 갖고 공부를 하게 됐어요. 학창 시절에 세계사 공부를 제대로 못했기 때문에, 처음부터 하나하나 공부했지요. 그 과정에서 어린이를 위한 세계사 책도 쓰게 되었고요.『하루 15분 질문하는 세계사』가 바로 그 책이지요.

이책은 세계사가 궁금한 으뜸이와 버들이, 지구 역사를 공부하러 온 외계인, 세계사 박사 삼촌이 질문하고 대답하면서 세계사를 꼼꼼하게 배워 나가도록 구성했어요. 하루 15분씩 수업을 이어 가다 보면, 세계사의 흐름을 잘 이해할 수 있어요. 세계사를 알면 어느 나라로 여행을 가더라도 그 나라 사람들을 이해하는 데 큰 도움이 될 거예요.

『하루 15분 질문하는 세계사』1권을 읽은 어린이들은 선사 시대부터 시작해 세계 문명의 발생 과정과 고대 그리스, 알렉산드로스 제국, 진에 대해 잘 알게 되었을 거예요. 2권에서는 중국의 두 번째 통일 국가인 한부터 서양의 로마 제국, 프랑크 왕국, 사산 왕조 페르시아, 인도의 쿠샨 왕조와 굽타 왕조, 일본 야마토 정권, 중국 수와 돌궐 제국의 이야기를 담았어요. 고대 시대의 통일 제국들이 어떻게 번성하다가 중세 시대로 이어지게 되는지 우리 함께 알아보아요.

신현수 작가

으뜸이

초등학교 5학년.
버들이의 오빠다.
버들이를 짓궂게 놀리고
버들이가 화내는 걸 재미있어 하는
장난꾸러기이지만, 은근히
동생을 아끼고 챙긴다.
요즘 세계사 공부를 하며
다른 나라 역사에 관심이 많아졌다.

버들이

초등학교 4학년.
으뜸이의 동생이다.
오빠 으뜸이가 놀리면
화를 낼 때도 있지만,
은근히 오빠를 좋아하고 따른다.
요즘 세계사 공부를 하며
한국사에도 관심이 많아졌다.

외계인 ☆ ☆ ☆

400살.
어느 날 갑자기 으뜸이, 버들이네
뒷마당에 불시착한 외계인.
1년간 지구인의 모든 역사를 공부해
오라는 특명을 받고 지구별에 왔다.
아이큐가 29,876이나 되는
뛰어난 두뇌를 가지고 있어
배운 걸 모조리 기억한다.

삼촌

대학 졸업 후 끊임없이 꿈을 찾아
헤매는 35살 취업 준비생이다.
대학에서 역사를 전공한 역사 실력자.
으뜸이와 버들이, 외계인에게
하루 15분씩 세계사 수업을 해 준다.
귀찮아하는 것 같지만, 알고 보면
세계사 수업을 무척 좋아한다.

까마득한 옛날, 최초의 인류가 등장한 때부터 오늘날 우리가 있기까지 약 420만 년간의 방대한 세계사를 공부한다는 건 선뜻 엄두가 나지 않는 일이야. 지구 곳곳 수많은 나라의 얼키설키한 역사니까 말이야. 하지만 걱정하지 마. 이 책을 따라가다 보면 세계사도 쉽고 재미있어!

1 세계사의 대표 장면을 한눈에!

각 시대를 대표할 만한 중요한 사건들을 골라 한눈에 보는 그림으로 구성했어요.

핵심 주제를 질문으로 뽑아
호기심을 갖고 세계사를 배워요.

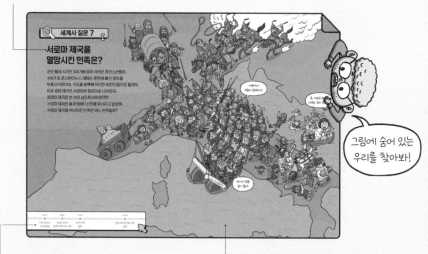

그림에 숨어 있는
우리를 찾아봐!

알기 쉽게 정리한 연표로
시대의 흐름을 파악해요.

그림으로 한눈에 세계사를 이해해요.

2 만화로 배경 지식 쏙쏙!

본격적으로 세계사를 배우기 전에 배경 지식을 알아보아요.

우리랑 같이
세계사를 배우면
재미있어.

3 질문하며 재미있게 배우는 세계사!

지도와 사진으로 세계사를 배워요.

질문들을
따라가다 보면
세계사의
흐름이 보여요.

핵심 용어로 중요한 정보를
빠르게 파악해요.

세계사의 핵심만
쏙쏙 모아 복습해요.

차례

"삼촌! 삼촌!"

으뜸이와 버들이, 외계인이 골목길에서 애타게 삼촌을 찾았습니다.

"삼촌이 금세 바람처럼 사라져 버렸네. 어디로 간 거지?"

으뜸이가 투덜거리자 버들이도 맞장구를 쳤습니다.

"그러게. 삼촌이 이렇게 재빨랐나? 번갯불 같네."

"삼촌 선생이 혹시 나 같은 초능력자냐? 흔적도 없이 사라지다니!"

외계인도 깜짝 놀란 표정을 지었습니다.

삼촌이 운동 좀 하고 오겠다며 집을 나서자, 셋도 같이 가자며 바로 따라 나왔습니다. 그런데 삼촌이 온데간데없이 사라졌습니다.

으뜸이는 휴대 전화로 삼촌에게 영상 통화를 걸었습니다. 하지만 연결음만 요란하게 울릴 뿐, 삼촌은 전화를 받지 않았습니다.

"삼촌이 전화를 안 받아? 혹시 우리 몰래 데이트하러 간 거 아냐? 여자 친구가 생겼을지도 모르잖아."

버들이 말에 으뜸이가 고개를 저었습니다.

"설마! 당분간 취업 준비한다고 했어. 헬스장에 가 볼까? 운동하러 간다고 했잖아."

"어휴, 동네에 헬스장이 한두 군데가 아닌데 어떻게 찾아?"

그러자 외계인이 한껏 우쭐거리며 대답했습니다.

"으뜸 인간, 버들 인간, 걱정 마라. 내가 누구냐? 에헴, 아이큐 29,876 에 변신 비행도 가능한 외계인이니라! 삼촌 선생이 어디 있는지 알아 올 테니 잠깐만 기다려라!"

으뜸이와 버들이가 대답할 틈도 없이 외계인은 조그만 방울새로 변신해 휘리릭 날아갔습니다. 그러고는 눈 깜짝할 새에 돌아와 원래대로 모습을 바꾼 후 한 방향을 가리켰습니다.

"삼촌 선생, 저쪽 공원에 있다. 거기서 땀 뻘뻘 흘리며 운동하고 있더라."

"정말? 얼른 가 보자."

셋은 숨 가쁘게 달려 동네 어귀에 있는 공원으로 갔습니다. 정말 삼촌은 운동 기구에 앉아 손잡이를 양손으로 번갈아 올렸다 내렸다 하며 운동을 하고 있었습니다. 얼마나 운동을 열심히 했는지 이마에 땀방울이 송골송골 맺혀 있었습니다.

삼촌이 화들짝 놀라 말했습니다.

"아니, 너희들 어떻게 여기까지 따라왔어? 내가 그렇게도 좋아? 이놈의 인기란!"

외계인이 고개를 절레절레 저으며 웃음을 터뜨렸습니다.

"품! 삼촌 선생은 착각이 취미인가. 그게 아니라 다음에 공부할 내용이 궁금해서 쫓아온 거다."

삼촌이 눈을 휘둥그레 뜨며 운동 기구에서 일어났습니다.

"오호! 정말인가. 으뜸이랑 버들이도 같은 마음인가?"

으뜸이와 버들이가 동시에 고개를 끄덕였습니다.

삼촌이 감동한 얼굴로 셋의 어깨를 꼬옥 끌어안고 뽀뽀를 마구 퍼부었습니다.

"세상에! 이토록 학구열 높은 제자를 언제 또 만날 수 있을까……. 좋다! 내일부터 세계사 공부를 시작하려고 했는데, 지금 당장 시작해야겠다!"

"켁켁, 숨 막힌다. 외계인 살려."

외계인이 답답해하며 삼촌 품을 빠져나왔습니다.

"아이고, 지구인 살려!"

"아이고, 똑똑한 지구인 한 명 더 살려!"

으뜸이와 버들이도 삼촌에게서 겨우 풀려났습니다.

외계인이 큼큼 헛기침을 했습니다.

"에헴, 공부에 있어서 중요한 것은 예습과 복습! 삼촌 선생이 1권에서 배운 내용과 2권에서 배울 내용에 대해 다시 한번 짚어 주면 좋겠다."

"그렇지! 예습과 복습을 하면 공부한 내용이 머릿속에 쏙쏙 들어오는 법!"

"세계사에 진심인 너희에게 묻노니, 1권에서 우리가 무엇을 배웠는지 말해 보거라! 누구부터 해 볼래?"

으뜸이와 버들이, 외계인이 거의 동시에 손을 번쩍 치켜들었습니다. 마주친 시선에서 불꽃이 튀었습니다.

"저요, 저요!"

삼촌이 냉정한 눈으로 보더니 말했습니다.

"으뜸이가 0.01초 빨랐다! 으뜸이!"

으뜸이가 눈을 번득이며 외쳤습니다.

"선사 시대부터 시작해서 세계 문명의 발생에 대해 공부했어요! 오스트랄로피테쿠스 아파렌시스! 세계 고대 4대 문명!"

"그렇지! 그리고 그 다음은……. 버들이!"

버들이도 으뜸이에게 질세라 큰 소리로 대답했습니다.

"고대 그리스 문명, 알렉산드로스 제국, 중국 진에 대해 살펴봤어요!"

삼촌이 손뼉을 짝짝 쳤습니다.

"역시 나의 멋진 제자들! 그렇지. 우리는 인류의 조상이 나타났을 때부터 고대 문명의 발상지들, 오늘날 인류 문화에 커다란 영향을 준 한자와 알파벳, 동서를 가로지르는 대제국, 세계 3대 종교 중 하나인 불교, 중국을 통일한 진 등에 대해 공부했어.

오늘부터는 중국의 두 번째 통일 제국인 한에 대해 공부할 거야. 한은 중국 전통문화의 기틀을 세운 아주 중요한 나라란다. 그리고 서양에서도 중요한 나라가 탄생했어. 고대 그리스와 짝꿍처럼 언급되는 나라야."

버들이가 냉큼 대답했습니다.

"로마요, 로마 제국!"

"옳지. 버들이가 바로 맞혔구나. 로마 제국은 자그마한 도시 국가에서 출

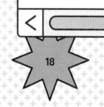

발했지만, 지중해 지역을 제패하고 유럽을 호령했지. 그리고 세계 종교 중에서 신도가 가장 많은 크리스트교, 인도인들이 가장 많이 믿는 힌두교에 대해서도 배울 거야. 또 로마가 동서로 나뉘면서 서로 다른 길을 걷게 되는데, 그 과정도 살펴보자꾸나!"

외계인이 무엇인가 말하려는 순간, 삼촌이 다시 말했습니다.

"중국에서는 위·진·남북조 시대가 이어졌고, 유럽에는 게르만족이 세운 나라들이 들어섰지. 이 밖에도 비잔티움 제국과 대립하던 사산 왕조 페르시아, 화려한 종교 문화를 꽃피운 인도의 쿠샨 왕조와 굽타 왕조, 일본의 첫 통일 국가였던 야마토 정권, 370여 년이나 되는 혼란기를 수습하고 다시 중국을 통일한 수와 유목 민족이 세운 돌궐 제국에 대해서도 공부할 거야."

그때, 외계인이 외쳤습니다.

"배울 게 많아서 정말 좋다!"

삼촌이 하하하 웃음을 터뜨렸어요.

"맞아! 우리 외계인이 세계사를 재미있게 배워서 정말 좋구나! 앞으로 무엇을 배울지 한번 훑어봤으니, 이제 본격적으로 시작해 볼까?"

삼촌의 말에 으뜸이, 버들이, 외계인이 한목소리로 대답했습니다.

"네, 좋아요!"

중국을 두 번째로 통일한 나라는?

중국의 첫 통일 왕조 진은 건국된 지 15년 만에 멸망했어.

그 후, 중국은 여섯 나라로 분열되었지.

여섯 나라가 서로 팽팽히 세력을 다투던 중

유방이 세운 나라가 기원전 202년에 중국을 통일했지.

중국 역사에 큰 발자취를 남긴 이 나라는 어디일까?

열심히 하고 있다고요!

우리 모두 종이를 아낍시다!

알았다. 그러면 종이는 누가, 언제, 어떻게 만들었나?

종이는 중국 한 때 처음 만들어졌단다.

한이라면 진 다음으로 중국을 재통일한 나라죠?

맞아!

종이가 나오기 전에는 대나무 조각 위에 글을 썼지.

대나무요?

여기에 붓으로 글씨를 썼구나.

나는 붓이 필요 없다!

지지직

으악! 깜짝이야!

중국 전통문화의 기틀을 마련한 한

중국 대륙을 최초로 통일했던 황제를 기억하지? 진시황제!

진시황제는 가혹한 통치를 했을 뿐만 아니라 만리장성과 아방궁 같은 대규모 토목 공사를 벌여 백성의 반발을 샀지. 결국 진시황제가 죽은 뒤 전국 각지에서 농민들이 반란을 일으켰고 진은 15년 만에 멸망했어.

 진이 멸망한 후 무슨 일이 일어난 거냐?

기원전 206년에 진이 멸망한 뒤 중국은 여러 나라로 분열되었어. 기원전 202년에 고조(유방)가 한을 세우고 중국을 재통일했지. 북방의 기마 민족인 흉노가 침입하거나 황제의 외척들이 권력 다툼을 벌이기도 했지만, 비교적 평온한 시기를 보내던 한은 제7대 황제인 무제 때 크게 성장했어. 무제는 유교를 통치 이념으로 삼고 수도인 장안에 교육 기관인 태학을 세워 유학을 가르쳤지. 유학이 어떤 학문인지 기억하니? 사람이 마땅히 지켜야 할 도리인 '인(仁)'과 부모를 공경하고 따르는 '효(孝)'와 사회의 규범과 질서를 지키는 '예(禮)'를 중요시하는 학문이야.

왜 유교를 통치 이념으로 삼았어요?

유교는 나라에 대한 충(忠)을 강조해서 황제의 권력을 강화하는 데 도움이 되었거든.

한 고조는 건국 당시 주의 봉건제와 진의 군현제를 혼합한 군국제를 실시했어. 제후에게 땅을 주어 황제 대신 다스리게 하는 제도가 봉건제이고 황제가 임명한 관리를 직접 파견해서 다스리게 하는 제도가 군현제인데, 두 제도를 절충해서 수도에 가까운 지역은 황제가 직접 다스리고 먼 지역은 제후에게 다스리게 한 거야. 넓은 땅을 다스리기에는 황제의 힘이 약했기 때문이야.

무제 때에 이르러서야 군현제가 전국으로 확대되었어. 무제 때 황제의 권력이 나라 구석구석까지 미칠 수 있을 만큼 강해졌다는 것을 알 수 있지.

또 한 무제는 처음으로 '건원'이라는 연호를 만들어 썼어. 연호는 황제나 왕이 즉위한 해에 붙이던 칭호야. '건원 5년'이라고 하면 무제가 황제가 된 지 다섯 번째 해를 뜻하지. 한 무제 이전에는 지방마다 해를 세는 법이 달랐는데, 연호를 쓰면서 이를 통일할 수 있었어. 황제를 기준으로 시간을 세다 보니 황제는 시간의 중심이자 세상의 중심으로 여겨지게 되었단다. 연호 사용이 황제의 권력을 강화하는 데 도움이 되었지. 그래서 무제 이후로 황제들은 즉위한 뒤 새로운 연호를 선포하며 자신의 시대가 시작되었다는 것을 세상에 알렸단다.

 한은 어떻게 발전했나요?

　무제 때 경제도 크게 발전했어. 수도 장안은 인구가 40~50만 명에 이르렀고 외국에서 온 사신들과 상인들로 북적였지. 정치가 안정되고 경제가 번영하자, 무제는 병력을 강화해 북방 민족인 흉노를 먼저 공격했을 뿐만 아니라 대외 원정에 나서 서쪽으로는 중앙아시아, 남쪽으로는 오늘날 베트남 지역에 이르기까지 영토를 확장했단다. 기원전 108년에는 고조선까지 무너뜨렸지.

한이 고조선을 무너뜨린 것을 어떻게 알았는지 궁금하다.

무제 때인 기원전 91년, 사마천이라는 학자가 요순 시절부터 한 무제 때까지 역사를 정리해서 중국 최고의 역사책으로 평가받는 『사기』를 썼어. 그 책에 고조선에 대한 이야기가 기록되어 있어.

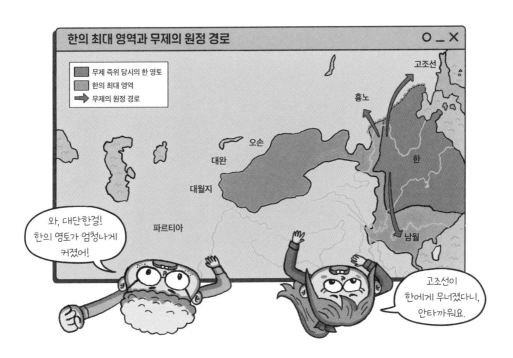

왜 『사기』가 중국 최고의 역사책으로 평가받아요?

『사기』 이전의 역사책은 황제나 왕의 업적을 순서대로 나열하는 형식이었어. 그런데『사기』는 황제의 기록인「본기」, 제후들의 기록인「세가」, 뛰어난 인물들을 담은「열전」 등으로 구분해 기록했지. 황제뿐만 아니라 다양한 신분과 계층의 사람들을 다뤄 여러 시점에서 역사를 들여다볼 수 있게 했어. 이처럼 역사책의 새로운 틀을 세웠기 때문에 높이 평가받는단다.

 그런데 한은 왜 무너졌어요?

무제는 영토를 넓히려고 대외 원정에 힘썼어. 잦은 전쟁으로 국가 재정이 부족해지자 소금, 철, 술을 나라가 독점하여 만들어 파는 전매제를 실시해 재정을 확보하려고 했지. 무제가 죽은 뒤 황제의 외척들이 권력 다툼을 벌이면서 나라가 어지러웠어. 결국 외척 중 하나인 왕망이 한을 무너뜨리고 신을 세웠어. 하지만 신은 급하게 개혁을 추진하다가 22년에 망했고, 25년에 광무제(유수)가 다시 나라를 세웠어. 이 나라를 신 이전의 한(전한)과 구분하기

후한을 세운 광무제 광무제는 한 황실의 후손이어서 나라를 새로이 세운 황제가 아니라 다시 일으킨 황제로 여겨졌어. 시호인 '광무'도, 한 왕조를 부활시켰다는 뜻에서 광(光), 환란을 평정했다는 뜻에서 무(武)를 사용했다고 해.

위해 후한이라고 불러. 후한 시대는 220년까지 약 200년간 이어졌단다. 후한은 광무제 때 가장 크게 발전했어.

한자(漢字)도 한! 한족(漢族)도 한! 중국은 '한'이라는 말을 좋아하나?

그렇네, 우리나라도 한국인데, 혹시 같은 한?

에이, 한자가 다르잖아! 한국(韓國)은 대한민국을 줄여 이르는 말!

한의 여러 정치 제도와 문화는 무려 2,000여 년이 지난 오늘날까지 중국 역사에 많은 영향을 주고 있어. 후한 때 채륜이라는 관리가 종이 만드는 법을 개량하는 데 성공한 것도 그중 하나야.

채륜의 종이 만들기 과정

1. 나무껍질, 헌 옷, 낡은 그물 등을 물에 헹궈 잘게 자른다.

2. 재료를 물에 넣어 삶는다.

3. 재료들을 절구에 넣고 찧는다.

4. 곱게 찧은 재료에 닥풀을 섞어 죽처럼 반죽한다.

5. 촘촘한 대나무 발로 반죽을 얇게 뜬다.

6. 물이 어느 정도 빠지면 잘 떼어 내 두드려 반듯하게 만든다.

 후한 시대에 종이가 만들어졌다고요?

그래. 고대 중국에서는 나무판자, 대나무 조각, 비단 등에 글자를 기록했어. 하지만 나무판자나 대나무 조각은 두껍고 무거워서 불편했고,

비단은 얇고 가벼웠지만 너무 비쌌지. 후한 시대에 채륜이 만든 종이
는 가볍고 얇으면서도 질겨서 글자를 기록하기에 아주 좋았어. 종이가
개량된 덕분에 후한 시대에는 뛰어난 책들이 많이 만들어졌지. 이때
반고가 쓴 『한서』는 『사기』에 이어 최고의 역사책으로 꼽힌단다.

그뿐이 아니야. 132년에 세계 최초의 지진계인 지동의를 만들 정도
로 후한 시대에는 과학 기술도 발전했어.

장형이 만든 지동의(복원)

달도 차면 기우는 법! 화려한 문화와 기술을 꽃피운 후한이었지만 광무제 이후 어린 황제들이 잇달아 즉위하면서 또다시 외척과 환관, 관료들이 권력 다툼을 벌였어. 정치는 문란해지고 백성들의 생활은 점점 어려워졌지. 결국 장각이 수십만 명의 농민들과 함께 봉기를 일으켰어. 봉기를 일으킨 사람들이 머리에 누런 두건을 쓰고 다녀서 이 농민 반란을 황건적의 난이라고 부른단다. 농민들의 봉기로 후한은 멸망하고 이후 중국은 위·촉·오 삼국으로 분열되었어.

세계사 핵심만 쏙쏙!

▶ 한의 성립과 발전

① 기원전 202년, 유방이 세운 한이 중국을 재통일함.

나, 유방
등장!

② 무제 때 왕권이 강화되고 크게 세력을 떨침.

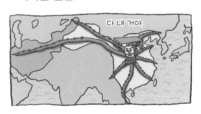

다 내 거야.

③ 한은 신을 기준으로 전한과 후한으로 나뉨.

전한 210 년	후한 195년

↑ 신 15년

④ 한의 문화와 기술은 중국 문화의 기틀이 됨.

아름답게
꽃피웠네.

늑대 젖을 먹고 자란 소년이
왕이 되었다고 전해지는 나라는?

그리스에 폴리스가 형성되던
기원전 8세기 중엽,
이탈리아반도 테베레 강가에서
작은 도시 국가로 출발해 주변 도시
국가를 정복하고, 기원전 3세기 말에
이탈리아를 통일한 나라는 어디일까?

로마가 언제
이렇게 컸지?

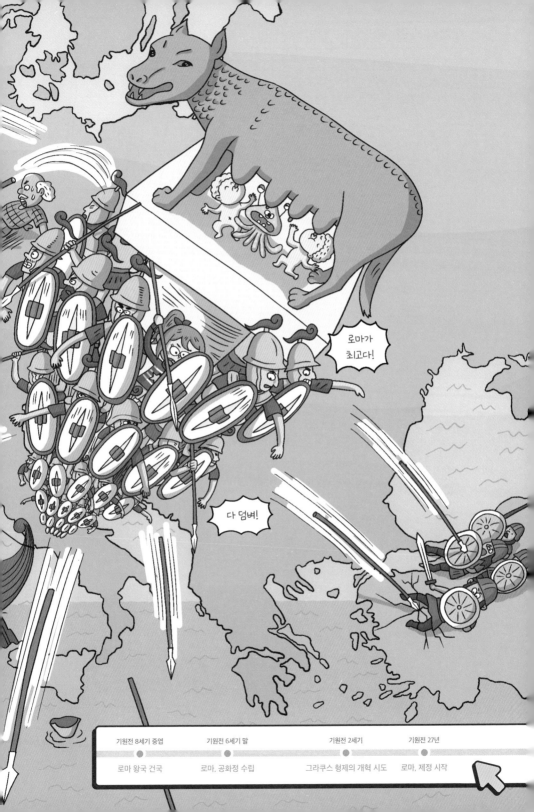

헉, 말도 안 돼!

뭐가?

한 촌장이 커다란 알을 주웠다.

알에서 아기가 나왔으니, 신라의 시조 박혁거세이다.

알에서?

인류의 조상이 조류였던 것인가?

그럴 리가! 이건 건국 신화야.

오, 건국 신화도 아는구나!

그게 뭔데요?

저도 5학년인걸요.

건국 신화는 나라의 기원, 시조, 건국 등을 신성화한 이야기야. 신 같은 초월적 존재가 나타나 나라를 세웠다는 내용이 많지. 박혁거세 신화도 마찬가지야.

그럼 진짜 알에서 태어난 건 아니에요?

그렇지. 나라를 건국할 만큼, 특별한 존재라는 걸 뜻하는 거야.

진짜 신기하네요.

신의 후손이라거나 늑대가 키운 아이라는 등 별별 이야기가 많단다.

늑대 이야기는 뭐예요?

나도 궁금하다!

얘기할게!

옛날, 이탈리아반도 알바 롱가 왕국에 레아 실비아 공주가 살았어.

알바 롱가

레아 실비아

그런데 숙부가 공주의 아버지를 죽이고 왕좌를 차지했어. 그리고 공주를 감옥에 가뒀지.

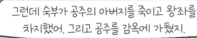

나쁜 놈!

넌 결혼 금지다!

공주가 자식을 낳으면 자기 자리가 위태로워지니까.

왜요?

숙부가 나쁘다!

공주는 전쟁 신 마르스와 사랑에 빠져서 쌍둥이를 낳았지.

멋져!

예뻐!

그 사실을 안 숙부가 쌍둥이를 몰래 강에 버렸어!

버려진 쌍둥이를 늑대가 거둬서 젖을 먹이며 키웠대.

세상에! 그래서요?

얼른 말해 달라!

뒷이야기가 궁금해요!

이 쌍둥이가 로물루스와 레무스인데, 그중 로물루스가 훗날 로마를 세우고 왕이 되었단다.

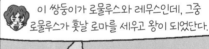

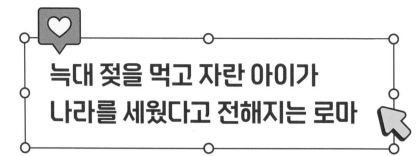

로마의 건국 신화가 정말 흥미진진하지?

백성들을 이끌어야 하는 왕은 남다른 위엄이 필요했을 거야. 그래서 범상치 않은 출생의 비밀이나 특별한 힘을 가진 사람의 이야기가 담긴 건국 신화가 많아. 전설 속에서 늑대의 보호를 받아 목숨을 구한 로물루스가 세력을 키워 세운 나라가 바로 로마란다. 로마는 이탈리아 반도의 테레베 강가에서 작은 도시 국가로 출발했지.

로물루스가 로마의 첫 번째 왕이었던 거죠?

맞아. 로마는 초기에 왕정으로 출발했어. 당시 로마는 왕국이긴 하지만 부족 연맹에 가까울 만큼 작은 나라였어. 왕은 귀족들로 이루어진 원로원과 상의해 나라를 이끌었지. 그러다 기원전 6세기 말, 로마의 귀족들이 왕을 몰아내고 공화정을 시작했어.

로물루스와 레무스에게 젖을 물리는 늑대상 로마의 건국 신화를 형상화한 동상이야.

 귀족들의 힘이 셌나 봐.

 공화정이 뭐예요?

국민이 선출한 대표자나 대표 기관의 의사 결정에 따라 나라를 운영하는 정치를 말해.

 그러면 로마의 시민이 직접 대표자를 뽑아서 나라를 운영했단 말이냐?

그건 아니야. 로마에서는 귀족들이 대표자와 대표 기관을 독점했거든. 행정과 군사를 맡은 최고 관리인 집정관 2명과 법을 만들고 의사 결정을 하는 원로원 등을 귀족이 장악했지. 당시 집정관이나 원로원의 의원들은 따로 봉급을 받지 않았어. 그래서 먹고살기 바쁜 평민들은 정치에 참여하기 어려웠지. 반면 부유한 귀족들은 정치에 참여할 수 있었고 자신들에게 유리한 방향으로 나라를 운영했어.

이때까지는 평민들의 정치적 힘이 크지 않았지만, 상공업이 발달하면서 점점 부유해진 평민들이 정치 참여를 요구하며 참정권을 달라고 목소리를 내기 시작했어. 군사적으로나 경제적으로 중요한 역할을 했지만, 정치적 발언권이나 법적 보호를 받지 못하자 평민들 사이에서는 점점 불만이 커졌어.

참정권이 뭐예요?

참정권은 국민이 국가 정치에 직접 또는 간접으로 참여할 수 있는 권리를 말해.

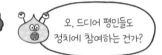

오, 드디어 평민들도 정치에 참여하는 건가?

공화정 말기 때 반란을 일으킨 카틸리나를 비판하는 키케로의 모습을 그린 그림이야.

이게 로마 시대 원로원의 모습이군요!

「카틸리나를 비판하는 키케로」, 체사레 마카리 원로원은 고대 로마 공화정 시대의 입법과 자문을 담당하는 실질적인 지배 기관이었어.

귀족들이 평민들의 정치 참여를 찬성했나요?

귀족들은 권력이 약해질 수 있으니까 반대했지. 하지만 결국 기원전 5세기에 평민을 대표하는 평민회가 만들어지고 평민을 지키고 돕는 호민관이 뽑히게 되면서, 점차 평민의 정치 참여 기회가 확대되었어. 그 후 로마는 주변 도시 국가들을 정복해서 이탈리아반도를 통일하고, 기원전 1세기 말에 카르타고와 벌인 포에니 전쟁에서 승리하면서 지중해 영역까지 손에 넣었단다.

 영토가 넓어졌으니 로마가 부유해졌겠네요?

로마의 귀족들은 전쟁으로 부유해졌지. 로마가 점령한 지역에서 전리품을 가져오거나 세금을 걷어 수입을 올렸거든. 하지만 자영농이었던 평민들은 잇단 전쟁으로 귀족들에게 땅을 헐값에 팔아넘기고 몰락했단다.

 왜 평민들은 귀족들에게 땅을 헐값에 넘긴 건지 궁금하다.

로마의 평민들은 대부분 농민이었는데, 전쟁이 일어나면 전쟁터에 끌려가 농사를 지을 수 없었어. 농사를 짓던 땅은 황무지가 되기 일쑤였지. 게다가 다시 농사를 지어도 로마가 정복한 나라에서 값싼 농산물이 들어오는 바람에 제값을 받고 팔 수도 없었어. 어쩔 수 없이 평민들은 땅을 팔 수밖에 없었던 거야. 반면에 로마의 유력자들은 평민들의 땅을 헐값으로 사들여 대농장을 만들었고 정복한 땅에서 끌고 온 사람들을 노예로 부리며 더 많은 돈을 벌었지. 로마 귀족들의 대농장을 라티푼디움이라고 불러.

평민들은 울며 겨자 먹기로 일자리를 찾아 도시로 몰려갔어. 하지만 도시로 몰려든 사람들이 많다 보니 일자리를 구하지 못해 빈민으로 전락하는 경우가 많았지.

라티푼디움에서 일하는 노예들 라티푼디움에서는 주로 상품성 높은 올리브와 포도 농사를 지었어.

참다못한 평민들이 반란을 일으키지는 않았나요?

　맞아. 불만이 치솟은 평민과 혹사당하던 노예가 반란을 일으켰고 로마는 혼란해졌지. 기원전 2세기경 호민관이 된 그라쿠스 형제는 불평등을 고쳐야 한다며 개혁을 외쳤어. 소수 권력자가 대토지를 소유하는 걸 금지하고 귀족들의 땅을 평민들에게 공평하게 나눠 주며, 평민들에게는 싼 가격으로 곡물을 분배해야 한다고 주장했지. 하지만 원로원과 귀족들은 반대하며 그라쿠스 형제를 암살했단다.

 그라쿠스 형제 같은 사람이 또 나타났는지 궁금하다.

　평민들의 지지를 받은 카이사르가 있었지. 유능한 군인이었던 카이사르는 군사력을 바탕으로 정권을 장악했어. 카이사르는 로마를 안정시키기 위해 평민의 권리를 보장하고 부패한 귀족들을 청산하려고 했지. 게다가 오늘날 프랑스에 해당하는 갈리아까지 정복하는 등 뛰어난 능력으로 로마 평민들의 마음을 사로잡았어. 하지만 공화정의 붕괴를 두려워하던 귀족들은 왕처럼 권력을 독차지한다며 카이사르를 암살했단다.

율리우스 카이사르 카이사르는 로마의 군인이자
정치가로 평민들의 지지를 받았어.

「카이사르의 죽음」, 빈첸조 카무치니

 카이사르가 죽은 뒤 로마는 어떻게 되었나요?

기원전 44년 카이사르가 세상을 떠난 뒤, 그의 부하였던 안토니우스가 잠시 권력을 차지했어. 하지만 카이사르의 조카인 옥타비아누스가 카이사르의 후계자는 자신이라고 주장하면서 권력 다툼이 일어났지. 안토니우스는 당시 로마의 동맹국인 이집트와 손잡고 옥타비아누스와 싸웠지만 악티움 해전에서 패배하고 말았어.

 이제 옥타비아누스가 권력을 잡은 건가요?

글쎄? 원로원은 옥타비아누스에게 '존엄한 사람'이라는 뜻으로 아우구스투스라는 칭호를 부여했고, 옥타비아누스도 스스로를 '제1시민

(프린켑스)'이라고 불렀어. 황제라고 정식으로 선포하지는 않았지만 옥타비아누스가 로마의 정치, 군사력 등 전권을 차지하고 나라의 중요한 일을 결정하면서 41년이나 로마를 다스렸으니 실제로는 황제나 다름없었지. 이때부터 사실상 황제가 다스리는 제정이 시작된 거야.

옥타비아누스 이후 약 200년 동안 로마는 황제가 다스리는 제정 국가인 로마 제국으로 성장하며 지중해 연안을 비롯해 소아시아와 북아프리카, 서유럽까지 차지할 정도로 강력해졌지.

「악티움 해전」, 라우레이스 아 카스트로

이집트의 운명을 걸었는데 결국 실패하고 말았네요.

당시 이집트의 여왕이었던 클레오파트라는 안토니우스와 손잡고 옥타비아누스에 대항했지만 악티움 해전에서 패하자 자결하고 말았지. 그 뒤 이집트는 로마에게 정복당했어.

옥타비아누스 통치 당시 로마의 영토
로마의 동맹국

대서양　　유럽
갈리아
노리쿰
마케도니아
히스파니아
로마
트라키아
흑해
지중해
카파도키아
마우레타니아
북아프리카
이집트

옥타비아누스
로마 제국의 첫 번째 황제로 평가받는
옥타비아누스의 동상이야.

계인아, 요기 좀
가리켜 봐.

잘생긴 내 얼굴
찌그러진다.

옥타비아누스 때
로마의 영토는
어마어마하게
넓어졌단다.

와, 지중해 지역
대부분이 로마의
영토네요.

황제와 다름없는데 왜 굳이 황제 칭호를 쓰지 않았는지 궁금하다.

　카이사르는 독재자로 인식되어 암살당했지. 로마의 시민들은 공화정이 무너지는 걸 두려워했거든. 그래서 옥타비아누스도 황제라는 칭호를 사용하기보다 '로마의 제1 시민'으로 남고 싶었던 거지.

세계사 핵심만 쏙쏙!

▶ 로마의 정치 변화와 발전

그라쿠스 형제　　카이사르

① 늑대 젖을 먹고 자랐다는 전설 속 쌍둥이 형제 중 로물루스가 로마를 세움.

② 로마는 주변 국가를 정복해 영토를 넓혀 이탈리아반도를 통일함.

③ 그라쿠스 형제와 카이사르가 로마를 개혁하려다가 암살당함.

④ 안토니우스와의 권력 다툼 끝에 옥타비아누스가 권력을 독차지하면서 로마 제국의 시대가 열림.

지중해에서 세 번이나 일어난 전쟁은?

이탈리아를 통일한 로마는 지중해의
패권을 놓고 카르타고와 전쟁을 벌였어.
약 120년 동안 세 번이나 벌어진
이 전쟁에서 과연 어느 나라가 승리했을까?

기원전 264년   기원전 218년   기원전 149년

1차 포에니 전쟁 발발   2차 포에니 전쟁 발발   3차 포에니 전쟁 발발

이제 항복해라!

남매 전쟁이 살벌하구먼. 카르타고와 로마 같네.

내가 왜? 난 끝까지 싸울 거야!

카르타고? 그게 뭐냐?

어, 말하자면 좀 긴데…….

외계인도 길구나.

인간들, 삼촌 선생이 너희들이랑 똑같은 애들 이야기해 준대.

똑같다고요? 저처럼 잘생겼나요?

아니면 저처럼 귀여운가요?

카르타고는 사람이 아니라 나라 이름이야. 로마와 세 번이나 싸웠는데, 이를 '포에니 전쟁'이라고 하지.

카르타고도 쟤랑 똑같이 싸움꾼이었나 보네요!

흥, 누가 할 소리!

그래, 너희 둘을 아주 똑 닮았다!

지중해의 패권을 결정한 포에니 전쟁

포에니 전쟁에 대해 알아볼까? 포에니 전쟁에 대해 설명하려면 우선 페니키아에 대해 알아야 해.

페니키아요? 페니키아인이 쓰던 문자가 알파벳의 기원이 되었다고 하셨죠?

맞아. 잘 기억하고 있구나. 페니키아는 바닷길을 이용해 지중해를 장악한 나라였어. 페니키아가 세운 식민지 중 하나가 카르타고였지. 오늘날 북아프리카 튀니지의 튀니스 근처에 위치한 카르타고는 페니키아가 멸망한 뒤 독립적인 나라로 발전했어.

라틴어로 페니키아인을 푸니쿠스(punicus 또는 poenicus)라고 하는데, 로마가 페니키아 식민 중 하나인 카르타고와 전쟁을 벌이자 로마 사람들은 이 전쟁을 포에니 전쟁이라고 불렀어.

카르타고의 모습을 그린 상상화 현재 남아 있는 카르타고 유적을 바탕으로 당시 카르타고 도시 모습을 상상해 그린 그림이야. 카르타고는 뛰어난 문명을 이루고 무역을 통해 큰 부를 쌓았어.

 포에니 전쟁은 왜 일어났는지 궁금하다.

지중해는 유럽과 북아프리카, 소아시아가 만나는 곳에 있어서 무역과 교통의 중심지였어. 그래서 지중해 주변의 나라들은 지중해를 서로 차지하려고 했지. 그중 북아프리카와 유럽이 만나는 곳에 위치한 카르타고는 기원전 6세기부터 지중해에서 무역을 통해 나라를 키워 나갔고 기원전 3세기 무렵에는 지중해 서쪽에서 큰 세력을 이루었지.

한편, 비슷한 시기에 이탈리아반도를 완전히 통일한 로마는 지중해 주변으로 세력을 키워 나가려 했고, 그 과정에서 카르타고와 부딪치게 되었어. 지중해를 차지하기 위해 기원전 264년부터 기원전 149년까지 세 차례나 전쟁을 벌였지.

카르타고와 로마의 세력권(기원전 3세기경)

■ 로마의 영토
□ 카르타고의 영토

로마

시칠리아

카르타고

이게 포에니 전쟁 전 카르타고와 로마의 영토야.

카르타고와 로마가 정말 마주하고 있네요.

 포에니 전쟁이 세 차례나 일어났다고요?

그래. 1차 포에니 전쟁은 기원전 264년, 카르타고와 이탈리아반도 사이에 있는 시칠리아에서 시작되었어. 초반에는 카르타고가 우세했지만, 기원전 241년에 로마가 승리하면서 끝났어. 카르타고는 로마가 시칠리아를 지배하는 것을 인정하고 막대한 배상금을 지불했단다.

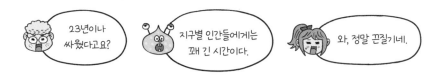

23년이나 싸웠다고요?

지구별 인간들에게는 꽤 긴 시간이다.

와, 정말 끈질기네.

긴 전쟁이었지. 그런데 얼마 지나지 않아 기원전 218년에 2차 포에니 전쟁이 시작되었어. 이 전쟁을 한니발 전쟁이라고도 불러.

왜 한니발 전쟁이라고 불러요?

　카르타고의 장군인 한니발이 2차 포에니 전쟁에서 큰 활약을 했거
든. 카르타고는 해상 강국이라 해전에 뛰
어났어. 그래서 많은 사람들이 바닷길을
이용해 로마에 도달하는 게 유리할 거라
고 생각했지. 실제로 로마도 카르타고의
침입을 대비해 바다 쪽을 경계했어.

　한니발 장군은 바로 그 점을 노렸어. 예
상을 뒤엎고 알프스산맥을 넘어서 로마를
공격한 거야.

한니발 한니발은 오늘날까지도
세계적인 명장으로 손꼽힌단다.

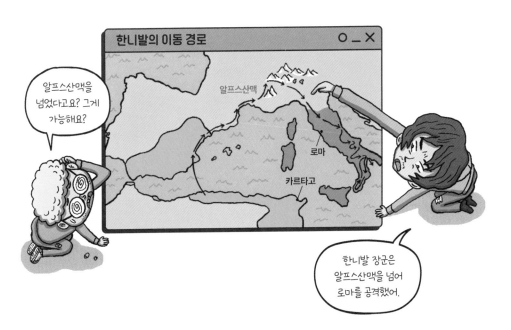

한니발은 한겨울에 4만 명이 넘는 대군과 수십 마리의 동물을 이끌고 알프스산맥을 넘었어. 과연 어떤 동물을 이끌고 갔을까?

전쟁에 데리고 간다면 동물의 왕인 사자가 아닐까?

덩치가 큰 곰은 어때?

무식한 소리! 무엇보다 기마병이 타는 말이지!

모두 틀렸어. 정답은 코끼리야. 카르타고군은 전투할 때 코끼리를 많이 활용했거든. 코끼리를 데리고 한여름에도 눈이 녹지 않을 정도로 높고 험한 알프스산맥을 어떻게 넘었는지 궁금하겠지? 실제로 코끼리들이 난동을 부리기도 하고 추위와 굶주림에 죽기도 했어. 산악 부족의 공격을 받기도 했지. 그렇지만 결국 한니발은 알프스산맥을 넘어 로마 본토로 쳐들어가 전투에서 여러 차례 승리했어.

알프스산맥이구나! 높고 험하고 추워 보인다.

알프스산맥 독일, 프랑스, 오스트리아, 스위스, 이탈리아 등지에 걸쳐 있는 산맥으로 일 년 내내 빙하가 녹지 않는 봉우리가 있어.

54

한니발의 활약으로 2차 포에니 전쟁에서 카르타고가 승리했는지 궁금하다.

아니, 안타깝지만 그렇지 않았어. 한니발이 로마 본토를 공격하자 로마는 시칠리아, 그리스, 북아프리카 지역에 있던 로마군을 움직여 카르타고 본국을 공격했어. 이 때문에 로마 정복을 코앞에 두었던 한니발은 카르타고를 방어하기 위해 본국으로 돌아가야 했어.

험한 길을 되돌아간 한니발은 지칠 대로 지쳤고, 결국 자마 전투에서 로마군에게 크게 지고 말았지. 이후 한니발은 로마군에 쫓기다 스스로 목숨을 끊었단다.

「자마에서 벌어진 스키피오와 한니발의 전투」, 코르넬리스 코르트 스키피오가 이끈 로마군이 자마 전투에서 이기면서 2차 포에니 전쟁은 로마가 승리했지.

3차 포에니 전쟁은 누가 이겼어요?

2차 포에니 전쟁에서 진 카르타고는 심각한 타격을 입었어. 이번에도 막대한 배상금과 영토를 로마에 넘겨야 했지. 어려운 상황에서도 카르타고는 다시 힘을 회복하려고 애썼어. 그러자 로마는 이를 경계해 기원전 149년에 3차 포에니 전쟁을 일으켰지. 이때 카르타고는 아예 잿더미가 되었어. 이 전쟁에서 승리한 로마는 지중해 해상권을 차지했고 강대국으로 성장했지. 로마와 팽팽하게 맞섰지만 패배한 카르타고는 역사의 뒤안길로 사라졌단다.

패배자의 최후는 정말 씁쓸하네요. 카르타고인도 노예로 로마에 끌려갔나요?

그렇지. 로마 귀족들은 포에니 전쟁에 패배한 카르타고 시민들을 끌고 가 노예로 삼아 대농장(라티푼디움)을 경영했지. 반면 이 과정에서

로마 평민들은 토지를 잃고 몰락했다고 했지? 역사는 이렇게 서로 얽히고설켜 있단다.

세계사 핵심만 쏙쏙!

▶ **지중해 패권을 두고 싸운 포에니 전쟁**

① 지중해 해상권을 놓고 로마와 카르타고가 맞섬.

② 1차 포에니 전쟁에서 초반에는 카르타고가 우세했으나 결국 로마가 승리함.

③ 2차 포에니 전쟁에서 한니발이 로마 본토를 공격했으나 실패함.

④ 3차 포에니 전쟁에서 로마가 카르타고를 완전히 점령하고 속주로 삼음.

⑤ 로마가 지중해의 패권을 차지함.

한이 개척한 교역로는?

한 무제는 흉노와 맞서기 위해 중국의 서쪽에 있는
대월지와 군사 동맹을 맺고자 장건을 파견했어.
장건이 멀고 먼 서역을 오가며 개척한 길은
훗날 동서 교역로로 발전했지.
동서 문화 교류에 큰 역할은 한 이 길의 이름은 무엇일까?

당신들을 찾아
사막을 건너왔소.

그게 무슨 말이냐? 진시황이 사활을 걸고 만든 만리장성인데, 막지 못했다니?

당시 흉노는 뛰어난 기마 전술과 강력한 철제 무기로 어마어마하게 강했거든.

흉노가 그렇게 강했냐?

흉노는 중국 북쪽 지역에 자리 잡은 유목 민족이야. 중국을 자주 침범했지.

기원전 3세기 말에 묵특 선우라는 족장이 흉노 제국을 세웠단다.

흉노가 제국을 세웠다고요?

나도 처음 들어.

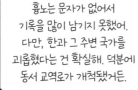

흉노는 문자가 없어서 기록을 많이 남기지 못했어. 다만, 한과 그 주변 국가를 괴롭혔다는 건 확실해. 덕분에 동서 교역로가 개척됐거든.

괴롭히니까 교역로가 생겼다고요?

어떻게요?

궁금하면 우리 함께 차근차근 알아볼까?

우선 과자 교역로부터 개척할래요. 크앙!

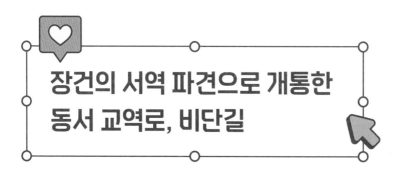

장건의 서역 파견으로 개통한 동서 교역로, 비단길

강력한 군사력으로 성장한 흉노는 기원전 3세기부터 몽골 지역을 중심으로 세력을 떨쳤어. 그러다 기원전 3세기 말에, 선우로 즉위한 묵특이 부족을 통합해 만리장성 이북 초원 지대에 흉노 제국을 세웠지. 선우는 흉노의 군주나 추장을 높여 이르던 말이야. 기원전 201년, 흉노가 한을 쳐들어갔는데 한 고조가 직접 나섰다가 오히려 흉노에게 포로로 잡히고 말았어. 고조는 조공을 바치는 조건으로 겨우 풀려났

흉노의 기마 군단 흉노는 뛰어난 기마 전술과 철제 무기로 대초원을 누비며 한을 위협했어.

어. 그 후 흉노는 해마다 많은 공물을 요구하고 한 황실의 공주를 흉노의 선우에게 시집 보내라고 강요하기도 했어.

한은 그런 흉노의 위협에 대비해 병력을 키웠지. 기원전 141년에 즉위한 무제는 흉노를 정벌하려고 했어. 하지만 흉노가 워낙 강하다 보니 단독으로 싸우기는 부담스러워 대월지와 손잡으려고 했지. 원래 서쪽에 있던 대월지는 흉노가 쳐들어오는 바람에 멀리 도망갔는데, 정확히 어디로 갔는지 알 수 없었어.

당시에는 GPS도 없었을 텐데, 대월지가 어디로 갔는지 어떻게 알지?

그러게 말이야. 지금이면 금방 찾을 수 있을 텐데……. 그때 장건이 대월지를 찾아보겠다고 나섰어. 무제는 크게 기뻐하며 장건을 사신으로 임명하고 100여 명이 넘는 수행원을 지원해 주었지. 기원전 139년 경, 장건은 일행을 이끌고 서쪽으로 향했어. 그런데 대월지를 찾으려면 흉노가 차지한 옛 대월지의 땅을 지나가야 했지.

중국 둔황 석굴에 그려진「장건의 서역 출사도」벽화 장건이 일행과 함께 서역으로 떠나며 무제에게 인사하는 장면이 그려져 있어. 왼쪽에 무릎을 꿇고 절하는 사람이 장건이고, 말 위에서 서역으로 떠나는 장건을 환송하는 사람이 무제야.

 장건에게 무슨 일이 일어났어요?

장건은 흉노에게 사로잡혀 포로가 되고 말았어. 10여 년이 지난 뒤

에야 겨우 탈출한 장건은 다시 대월지를 찾아 나섰지. 오랫동안 헤맨 끝에, 마침내 기원전 129년경 장건은 대월지에 도착했어. 장건은 대월지 왕을 만나 동맹을 맺고 함께 흉노를 물리치자고 제안했지. 그런데 대월지 왕은 흉노와 더는 엮이고 싶지 않다며 거절했어.

장건은 대월지와 동맹을 맺는 데 실패했지만 서역 나라들에 대한 귀중한 정보를 모아 한으로 돌아왔어. 한을 떠난 지 약 13년 만에 귀국한 장건의 보고를 듣고 한은 서역 나라들에 대해 알게 되었지. 이에 무제는 장건을 기원전 119년에 또다시 서역으로 보냈어. 하지만 서역 나라들은 흉노를 칠 생각이 없었기 때문에 한과 동맹 맺기를 거절했어. 장건은 또다시 빈손으로 돌아와야 했단다.

힘들게 갔는데, 너무 안타깝네요.

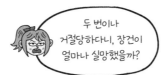
두 번이나 거절당하다니, 장건이 얼마나 실망했을까?

그래도 장건이 아예 실패한 건 아니란다.

 동맹은 실패했지만, 서역으로 가는 길을 알게 되었으니 다행이다.

그렇지. 장건이 두 번이나 서역에 다녀온 덕분에 서역으로 가는 길을 알게 되었어. 이후 한은 서역의 오손, 대완 등의 나라와 활발히 왕래하며 교역했지. 더 나아가 서역 너머 로마와도 교류했단다. 이렇게 장건의 서역 파견을 계기로 동서를 잇는 교역로인 비단길(실크 로드)이 개통되고 무역이 발전하면서 한은 더욱 부유해졌어.

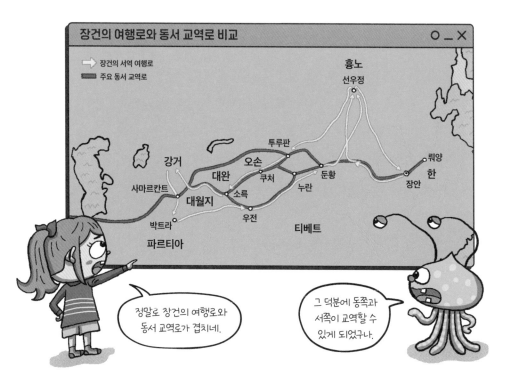

정말로 장건의 여행로와 동서 교역로가 겹치네.

그 덕분에 동쪽과 서쪽이 교역할 수 있게 되었구나.

 왜 장건이 개통한 동서 교역로를 비단길이라고 불러요?

　장건이 개척한 교역로는 19세기에 이르러서야 그 중요성이 밝혀졌어. 독일의 지리학자 페르디난트 폰 리히트호펜이 1877년에 『중국』이라는 책을 펴내면서 중국에서 서역으로 수출된 대표 상품이 비단인 것을 착안해 이 교역로를 독일어로 '자이덴슈트라센(Seidenstrassen)'이라고 이름 붙였지. 영어로는 실크 로드(Silk road), 우리말로는 비단길이지. 이 길은 때로 '사막길'이라고도 불리는데, 비단길이 주로 황량한 사막에 있는 오아시스를 따라 이어졌기 때문이야.

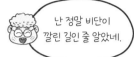
난 정말 비단이 깔린 길인 줄 알았네.

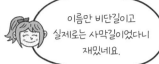
이름만 비단길이고 실제로는 사막길이었다니 재밌네요.

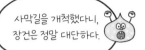
사막길을 개척했다니, 장건은 정말 대단하다.

동양과 서양이 교류하지 못한 이유 중 하나는 거대한 타클라마칸 사막이 가로막고 있기 때문이었어. 그런데 장건이 사막을 건너는 길을 개척하면서 동양과 서양의 교류가 활발히 이루어졌지. 비단길을 통해서 비단뿐 아니라 제지술, 인쇄술, 화약 등이 서역을 거쳐 로마로 전해졌고 한은 서역으로부터 한혈마, 불교, 포도, 호두, 깨 등을 들여왔단다.

비단길 오늘날 중국과 인도 사이에 남아 있는 비단길의 모습이야.

　'피땀을 흘리며 매우 빨리 달린다'는 뜻의 한혈마는 중앙아시아 동부에 위치해 있던 대완의 특산물이었어. 하루에 천 리를 갈 정도로 빠르다고 하여 '천리마'로 불리기도 했지. 대완의 말에 대해 장건에게 전해 들은 한 무제는 말을 들여와 번식시켜 널리 보급했다고 전해져.

🐑 비단이 로마까지 전해졌다니 신기해요. 로마 사람들이 비단을 좋아했나요?

　비단은 만들기가 까다롭고 비싸서 중국에서도 아무나 입을 수 없는 귀한 옷감이었지. 부드럽고 고급스러운 비단의 감촉에 로마 귀족들은 푹 빠졌어. 로마 귀족들이 너도나도 비싼 비단으로 옷을 만드는 바람에 로마 경제가 휘청거릴 정도였지. 한때는 로마에서 비단 수입을 금지할 정도였단다.

세계사 핵심만 쏙쏙!

▶ 동서 교역로의 개통

① 무제는 흉노를 치기 위해 서역의 나라들과 동맹을 맺으려 함.

② 장건이 서역의 나라들과 동맹을 맺으려 두 번이나 파견을 나갔으나 실패함.

③ 그 과정에서 서역으로 가는 길을 찾았고, 덕분에 동서를 잇는 교역로가 열림.

로마의 최고 전성기를 이르는 말은?

로마 제국은 약 200여 년 동안 최고의 전성기를 누렸어.
전쟁에서 연이어 승리하고, 정치와 경제적으로
안정되면서 크게 번영했지. 로마 제국의 가장 평화로웠던
이 시기를 이르는 말은 무엇일까?

기원전 27년	96~180년	235~284년	330년
옥타비아누스, 최고 권력자 등극	오현제 시대	군인 황제 시대	비잔티움으로 수도를 옮김

앞으로 앞으로 앞으로 앞으로!
지구는 둥그니까,
자꾸 걸어나가며어언~

으, 공부할 시간에 웬 노래를 부르고 있어?

온 세상 어린이들~ 다 만나고오~

버들 인간, 그 노래는 뭔가? 재미있다.

「앞으로」라는 노래야. 지구가 둥그니까 계속 걸으면 온 세상 사람을 다 만날 수 있다는 노래지.

정말? 걸어서 지구 한 바퀴 도는 거냐?

앞으로 앞으로!   지구는 둥그니까~

그건 아니지. 바다도 있고 국경도 있는데 어떻게 걸어서 지구를 도냐?

진짜? 지구를 구경하고 싶은데……

걱정 마! 우리랑 여기저기 다녀 보면 되지!

뎅굴 뎅굴

지구의 모든 길이 통하는 곳이 있을 수도 있고!

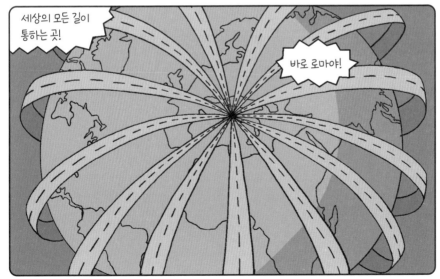

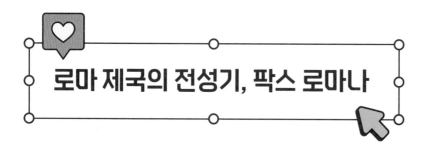

로마 제국의 전성기, 팍스 로마나

벌써 세 번째 로마 이야기라고? 왜 이렇게 로마에 대해 이야기하냐고 묻고 싶겠구나. 로마는 기원전 8세기 중엽에 세워진 후 동로마 제국이 멸망할 때까지 무려 약 2,200년이나 이어졌던 나라야! 게다가 로마는 카르타고와 벌였던 포에니 전쟁에서 승리한 뒤 북아프리카, 유럽, 소아시아 등지를 정복하고 강대국으로 세력을 떨쳤으니 이야깃거리가 많을 수밖에 없어. 로마 제국의 첫 번째 황제가 누구였지?

옥타비아누스! 옥타비아누스 이후 로마 제국은 어떻게 발전했냐?

잘 기억하네. 카이사르가 죽고 난 뒤, 옥타비아누스가 악티움 해전에서 안토니우스를 물리치고 승리했다고 했지? 내전에서 승리한 옥타비아누스는 시민들의 열렬한 지지를 받았고, 이집트를 정복해 엄청난 부를 얻었어. 이렇게 돈과 군사력을 쥔 옥타비아누스는 정치적 혼란을 수습하고 최고 관리인 집정관이 되어 로마의 정치, 군사 등 전권을 차지했어. 나아가 '아우구스투스'라는 칭호를 받고 황제나 다름없는 권력을 누렸지.

옥타비아누스는 스스로
황제라고 부르지 않았지만,
황제와 다름없는 권력을 누렸지.

너는
아니라고
해도

나는
너를 황제라
부르리.

시민관을 쓴 옥타비아누스 시민관은 자신의 목숨을 돌보지 않고
동료를 구한 용사에게 수여한 나뭇잎으로 만든 관이야.
옥타비아누스 이후 황제의 상징이 되었어.

 이때부터 로마 제국이 시작된 건가요?

그렇지! 옥타비아누스는 의붓아들인 티베리우스에게 권력을 물려
주었어. 그 뒤 황제 자리를 두고 권력 다툼이 벌어지기도 했지만, 로

117년경 지중해 지역 지도 ○ _ ✕

로마 제국이 가장 넓은 영토를
차지했을 때야. 로마인들이 지중해를
'우리 바다'라고 부를 정도였어.

우리 바다가
최고야!

지중해

로마 본토와 속주
로마의 종속국

지중해 영역을 온통 로마의
영토가 둘러싸고 있었으니
그럴 만도 하네요!

마 제국은 약 200여 년 동안 평화와 번영을 누렸어. 기원전 27년부터 180년까지 약 200년간 이어진 이 시기를 팍스 로마나(Pax Romana)라고 해. '로마의 평화'라는 뜻이야.

그중에서도 네르바부터 마르쿠스 아우렐리우스까지, 다섯 황제가 다스린 96년부터 180년까지를 지혜로울 현(賢), 황제 제(帝) 자를 써서 오현제 시대라고 해. 지혜롭고 훌륭한 황제 5명이 나라를 잘 다스린 시기라는 뜻이지.

   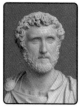 

오현제 왼쪽부터 12대 네르바, 13대 트라야누스, 14대 하드리아누스, 15대 안토니누스 피우스, 16대 마르쿠스 아우렐리우스 황제야.

물론 로마의 평화는 로마에게만 해당되는 말이야. 로마는 정복 전쟁을 통해 풍부한 노예와 식량을 얻었지만, 정복당한 나라의 사람들은 노예로 끌려가고 식량도 빼앗기는 고통을 겪었단다.

 삼촌, '모든 길은 로마로 통한다.' 라는 말은 무슨 뜻이에요?

로마는 기원전부터 도로 건설에 힘썼어. 정복하는 곳마다 도시를 세우고 물자와 군사를 쉽게 이동시키기 위해 수도인 로마를 중심으로 사방팔방 도로를 놓았어. 도로는 오늘날 동쪽으로는 튀르키예, 서쪽으로는 포르투갈, 북쪽으로는 영국, 남쪽으로는 북아프리카까지 뻗어 나가 제국을 유지해 주는 동맥과 같은 역할을 했단다.

로마와 각지를 연결하는 도로가 건설되니 전쟁이 일어났을 때 군대를 빠르게 보낼 수 있었어. 또 상인들이 물건을 싣고 길을 오가면서 로마의 문화가 빠르게 퍼져 나갔지. 발전된 로마의 문화는 정복지의 사람들을 로마로 끌어들였고, 나라가 발전할 수 있는 기반이 되었어.

막시무스 대로 요르단 북쪽에 위치한 고대 도시인 제라시에 남아 있는 도로야.

프랑스의 '퐁 뒤 가르' 수도교

 도로를 만들 만큼 로마의 건축 기술이 뛰어났나요?

    도로뿐만 아니라 도시에 물을 공급하기 위한 상수도 시설로 수도교도 만들었어. 로마는 광대한 제국을 유지하고 관리해야 했기 때문에 건축이나 도로 건설 같은 실용적인 분야가 발달했어.

원래 로마는 능력이 뛰어난 사람을 집정관으로 뽑는 공화정 체제였지. 그래서 황제도 늘 자신의 능력을 증명해야 했어. 그래야 원로원과 시민들로부터 지지를 얻어 권력을 유지할 수 있었지. 로마 황제들은 자신을 신격화하는 한편 로마 시민의 마음을 얻기 위해 여러 방법을 동원했어. 가난한 사람들에게 빵을 나눠 주고 검투사 시합이나 전차 경주를 자주 열어서 볼거리를 제공했어. 그리고 신을 모시는 신전, 전쟁에서 승리한 것을 기념하는 개선문, 시민들이 문화생활을 할 수 있는 극장, 검투사 시합이나 전차 경주가 열리는 경기장, 공중목욕탕 같은 공공 건축물을 지었지.

콜로세움 이탈리아 로마에 있는 고대의 원형 투기장으로 로마 제국의 가장 상징적인 건축물 중 하나야.

로마가 만든 도로나 건축물을 보면, 로마가 얼마나 강력한 힘과 문화를 가졌는지 짐작이 가지? 로마가 이렇게 강력한 제국으로 발전할 수 있었던 이유 중 하나는 정복한 곳의 문화를 포용하는 유연성이 있었기 때문이야. 정복지의 문화를 받아들여 자신들의 문화로 발전시키는 데 거리낌이 없었지. 고대 그리스 신화 속 신들도 이름만 바꿔서 로마의 신으로 삼기도 했단다.

 그래서 그리스 로마 신화라고 하는 거구나.

맞아! 로마에서는 그리스의 신 제우스가 유피테르, 헤라는 유노, 포세이돈은 넵투누스, 아테나는 미네르바, 아폴론은 아폴로, 아르테미스는 디아나, 아프로디테는 베누스라고 불렀지. 그리스 로마 신화는 그리스로부터 로마 제국 시대를 거쳐 현대에 이르기까지 유럽 문화에 큰 영향을 주었단다.

그뿐이 아니야. 로마는 법률도 발달했어. 넓은 영토에서 다양한 민족을 다스리려면 체계적인 법이 필요했거든. 공화정 초기에 제정된 시

민법인 12표법은 로마 법률의 기초가 되었고, 로마 제국 시대에는 만민법으로 확대되었어. 이름 그대로 만민, 즉 로마 시민뿐만 아니라 정복된 모든 민족에게 공통으로 적용되는 법이었지. 6세기쯤 비잔티움(동로마) 제국의 유스티니아누스 황제가 로마 법률을 집대성하여『유스티니아누스 법전』을 완성했어. 로마의 법률은 세계 여러 나라의 법률에 큰 영향을 주었단다.

 ## 로마의 평화는 계속 이어졌나요?

강력한 군대와 드넓은 영토, 찬란한 문화를 이룬 로마는 오현제 시대를 정점으로 화려하게 빛났어. 하지만 오현제의 마지막 황제인 마르쿠스 아우렐리우스 이후, 황제들이 제대로 나라를 이끌지 못하면서 황제 자리를 노리는 군인들의 반란이 이어지고 황제가 암살당하는 일이 빈번해졌어. 게다가 변방에서 외적의 침입이 이어지며 나라가 점점 혼란에 빠졌단다.

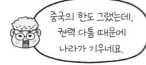

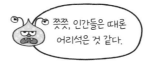

3세기에는 식민지의 반란이나 외적의 침입을 막아 내며 군인들의 영향력이 커졌지. 235년 로마 제국 최초로 군인 황제가 된 막시미누스 트락스는 가난한 농사꾼의 자식으로 태어나 군인이 된 사람이야. 학

식이 없었지만 힘이 장사였고, 군인들의 지지를 받아 황제가 되었어. 막시미누스는 게르만족의 반란을 막기 위해 군인들의 봉급을 두 배로 올렸어. 결국 로마의 재정은 파탄 났고, 원로원이 등을 돌리면서 막시미누스는 몰락하고 말았단다.

이후 군인들이 서로 황제가 되겠다고 다투기 시작했어. 군대의 정치 개입으로 황제가 자주 교체되는 군인 황제 시대가 펼쳐졌지. 235년부터 284년까지 약 50년 동안 군인 황제가 무려 26명이나 교체되었으니 얼마나 혼란한 시대였는지 짐작이 가지?

거의 2년마다 황제가 바뀐 꼴이다. 군인 황제 시대 이후 로마는 어떻게 됐는지 궁금하다.

역시 외계인은 계산이 빠르구나. 3세기 말 황제가 된 디오클레티아누스는 로마의 영토가 너무 넓어서 황제가 제대로 통치하기 어렵다고 판단했어. 그래서 286년 로마 제국을 동방과 서방으로 나누고, 각각 황제를 세워 분할 통치를 시작했어. 이후 각각 부황제를 뽑아 2명의 황제와 2명의 부황제가 제국을 4분할하여 통치하게 되었지.

4분할 통치는 각자 맡은 영토를 방어하고 내란에 빠르게 대응할 수 있는 장점이 있었어. 하지만 4명의 황제가 권력 다툼을 벌이면서 4분할 통치는 오래가지 않았어.

306년에 부제로 즉위했던 콘스탄티누스 대제가 내란을 진압하고 324년 로마 제국을 다시 하나로 통일했어. 콘스탄티누스 대제는 외적

과 내란으로 혼란스러운 로마 수도를 벗어나 새로운 로마를 건설하겠
다며 수도를 비잔티움으로 옮겼어.

그러나 로마 제국은 결국 395년에 서로마 제국과 동로마 제국으로
나뉘었단다.

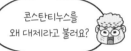
콘스탄티누스를
왜 대제라고 불러요?

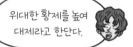
위대한 황제를 높여
대제라고 한단다.

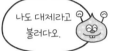
나도 대제라고
불러다오.

세계사 핵심만 쏙쏙!

▶ 로마 제국의 전성기와 쇠퇴

① 로마 제국은 기원전 27년부터 약 200년 동안 평화와 번영을 누렸는데,
　이 시기를 '팍스 로마나'라고 함.
② 실용적인 문화가 발달한 로마는 도로와 수도교, 거대한 건축물 등을 만들었음.
③ 군인 황제 시기를 지나며 로마 제국이 혼란스러워짐.
④ 330년 콘스탄티누스 대제가 새로운 로마 건설을 위해 수도를 비잔티움으로 옮김.

세계사 질문 6

신의 사랑과 평등을 강조하며 유일신을 믿는 종교는?

로마는 기원전 63년경 오늘날의 팔레스타인 지역을 점령하고
그곳에 살고 있던 유대 민족을 지배했어.
그런 유대 민족에게 예수가 나타나 유일신을 믿고 따르며
이웃을 사랑하면 구원을 얻을 것이라고 가르쳤지.
예수의 가르침은 사람들에게 큰 영향을 주었어.
오늘날 사람들이 가장 많이 믿는 종교 중 하나인 이 종교는 무엇일까?

오호, 우리랑 해를 세는 방법이 아주 비슷해.

저, 알아요! '서기' 이야기죠?

오, 똑똑한데? 맞아, 서력기원을 말하는 거야.

윽~, 으아!

삐용 삐용

쪽

서기는 알겠는데, 서력기원은 또 뭐예요?

긁적

서력기원의 줄임말이 서기야.

서력기원이란 예수가 탄생했다고 추정한 해를 원년으로 햇수를 세는 방법을 말해. 오늘날 지구 대부분에서는 서기로 해를 센단다.

기원전 B.C.   기원후 A.D.

지구별 사람 대부분이 쓴다고? 대단한걸!

그렇지?

예수는 오늘날 가장 많은 사람들이 믿는 크리스트교를 창시했어. 크리스트교는 무려 2,000년 넘게 전 세계 역사에 크나큰 영향을 주었단다.

이렇게 말이냐?

쩌으으

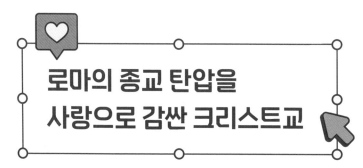

로마의 종교 탄압을
사랑으로 감싼 크리스트교

 삼촌 선생, 도대체 예수가 누구인지 궁금하다.

지구인이라면 예수에 대해 한 번쯤 들어 봤겠지만, 외계인은 처음 듣겠구나. 예수는 기원전 4년경 이스라엘 베들레헴에서 태어났어. 당시 유대인들은 로마 제국의 지배를 받으며 힘겨운 삶을 살고 있었지.

기원전 4년경?
서기는 예수가 태어난 해를
뜻한다면서 왜 기원전 4년경이란
말이냐? 이상하다!

까꿍!

「목자들의 경배」, 헤라르드 반 혼토르스트 목자들이 아기 예수를 찾아와
경배하는 모습을 그렸어.

하하. 나중에 기원전 4년경에 태어난
것으로 밝혀졌지만, 이미 오랫동안 서기가
쓰이고 있어서 다시 바꿀 수 없었던 거야.

원래 유대인들은 유일신을 섬기며 신이 보낸 메시아, 즉 구세주가 나타나 자신들을 구원하고 영원한 평화를 누리게 해 줄 거라고 믿었어. 로마 제국의 지배를 받으면서 메시아의 출현을 고대할 즈음에 예수가 나타나 하느님을 믿고 이웃을 사랑하면 민족과 신분을 초월해 누구나 신에게 구원받을 수 있다고 가르쳤단다.

가난한 사람을 돕고, 병든 사람을 고치는 예수의 모습에 예수를 믿고 따르는 사람이 갈수록 늘어났지. 하지만 예수를 못마땅하게 여기는 사람들도 있었어.

왜 예수를 못마땅하게 여겼어요?

유대교의 사제들은 예수가 메시아인 척하면서 자신들을 무시한다고 여겼거든. 사제들은 로마 총독에게 예수가 유대인의 왕 행세를 하며 반란을 일으키려 한다고 모함했어. 결국 예수는 체포되었고, 로마에 반대하는 세력을 이끈다는 죄목으로 십자가에 못 박혀 처형되었지. 예수가 죽은 뒤 예수의 가르침은 더욱 널리 퍼졌어.

 예수가 죽었는데, 어떻게 가르침이 널리 퍼질 수 있었는지 궁금하다.

예수를 구세주로 믿고 따르던 제자들이 예수의 가르침과 행적을 정리해 글로 기록하고 이를 널리 전파한 덕분이지. 또 베드로, 바울 등의

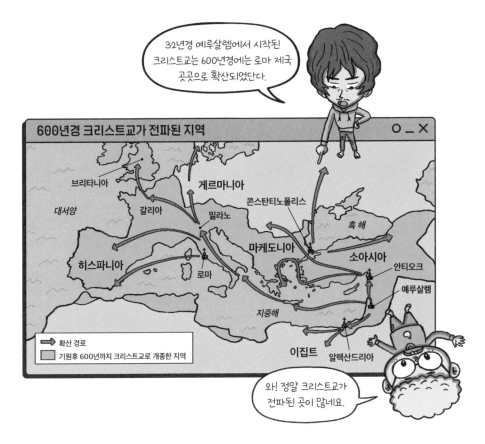

32년경 예루살렘에서 시작된 크리스트교는 600년경에는 로마 제국 곳곳으로 확산되었단다.

600년경 크리스트교가 전파된 지역

브리타니아
대서양
갈리아
게르마니아
밀라노
콘스탄티노폴리스
흑해
히스파니아
로마
마케도니아
소아시아
안티오크
예루살렘
지중해
이집트
알렉산드리아

확산 경로
기원후 600년까지 크리스트교로 개종한 지역

와! 정말 크리스트교가 전파된 곳이 많네요.

제자들은 로마 제국 곳곳에 교회를 세우고 예수의 가르침을 전했지. 특히 여성과 하층민 등 소외된 사람들을 중심으로 크리스트교가 널리 퍼져 나갔단다.

하지만 로마의 황제나 귀족들은 옛날부터 믿던 로마의 신들을 믿지 않는 크리스트교가 영 못마땅했지. 특히 로마의 황제들은 자신을 신격화해 권위를 높이려 했어. 그런데 신은 오직 하나, 유일신분이라고 여기는 크리스트교에서는 로마 제국 황제를 신으로 숭배하는 것을 우상 숭배라 여겨 거부했지.

로마 황제들은 크리스트교를 싫어했겠어요.

맞아. 크리스트교를 탄압했어. 군인 황제 시대를 기억하지? 그 당시에는 나라 곳곳에서 반란이 일어나고 외부의 침입이 많았어. 이런 혼란한 시기에 크리스트교 신자들이 자신을 따르지 않으니 로마 황제에게 크리스트교는 눈엣가시였어.

특히 로마 제국을 동방과 서방으로 나눈 디오클레티아누스 황제는 유일신을 숭배하는 크리스트교가 제국을 위협한다며 탄압했지. 크리스트교의 교회를 철거하고 성물을 파괴하고 교회 재산을 몰수했어. 또 크리스트교를 믿는 사람은 관직에 오르지 못하게 하고 심지어 고문하거나 사형에 처했어.

 박해를 받고 크리스트교 신자들이 줄었나요?

아니, 오히려 반대야. 오랜 박해에도 크리스트교 신자는 엄청나게 늘어났어. 정치, 경제적으로 로마 제국이 흔들리기 시작한 3세기 이후에는 가난하고 신분이 낮은 사람들뿐 아니라 권력과 지식을 갖춘 사람들까지 크리스트교를 믿기 시작했어. 철학자를 비롯해 지식인들이 교리를 체계적으로 정리하면서 더 많은 사람들이 크리스트교를 따르게 되었지.

탄압에도 불구하고 크리스트교 신자들이 크게 늘어나자, 로마의 황제는 크리스트교가 오히려 사람들의 마음을 하나로 모을 수 있겠다고 생각했어. 결국 313년 콘스탄티누스 대제가 밀라노 칙령을 내려 크리스트교를 종교로 공식 인정했지.

으악! 해골이다!

카타콤 로마 황제의 박해가 심해지자 크리스트교 신자들은 비밀 지하 묘지인 카타콤으로 몸을 숨겼어. 신앙을 버리느니, 무덤 속에 숨어 살기를 택한 거지.

세상에! 이런 곳에 숨어서 생활했다니, 정말 힘들었겠어요.

콘스탄티누스 대제는 로마 제국이 빼앗았던 교회 재산을 돌려주었을 뿐만 아니라 곳곳에 교회를 세워 크리스트교가 발전할 수 있도록 도왔어. 이어 392년에는 테오도시우스 1세가 크리스트교를 로마의 국교로 정했지.

이후 크리스트교는 로마 제국의 종교로 빠르게 자리 잡았어. 로마 제국이 무너지고 난 뒤에도 유럽 사람들의 정신적 지주 역할을 했지. 크리스트교는 그리스 로마 문화와 함께 유럽 문화의 기반이 되었어.

콘스탄티누스 대제 로마 제국에서 크리스트교를 공인한 첫 번째 황제야.

유럽 사회에 깊숙이 뿌리 내린 크리스트교는 오늘날에 이르기까지 정치, 문화, 사회적으로 큰 영향을 주면서 전 세계 곳곳으로 퍼져 나갔단다. 오늘날 3대 종교 중 하나이자 사람들이 가장 많이 믿는 종교이기도 해.

세계사 핵심만 쏙쏙!

▶ 크리스트교의 성립과 전파

믿는 자에게 복이 있나니.

① 예수가 사랑과 평등을 내세우며 크리스트교를 설파함.

예수님을 믿습니다!

② 로마 제국의 탄압에도 불구하고 크리스트교가 널리 퍼져 나감.

크리스트교 인정!

③ 313년, 콘스탄티누스 대제가 크리스트교를 종교로 인정함.

④ 392년, 테오도시우스 1세가 크리스트교를 로마 제국의 국교로 정함.

서로마 제국을 멸망시킨 민족은?

군인 황제 시기인 3세기에 로마 제국은 혼란스러웠어.
4세기 초 콘스탄티누스 대제는 혼란에 빠진 로마를
부흥시키겠다며, 수도를 동쪽에 자리한 비잔티움으로 옮겼어.
이후 로마 제국은 서로마와 동로마로 나뉘었지.
동로마 제국은 천 년이 넘도록 이어졌지만
서로마 제국은 불과 80여 년 만에 무너지고 말았어.
서로마 제국을 무너뜨린 민족은 어느 민족일까?

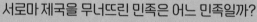

330년	395년	476년	1453년
비잔티움으로 수도를 옮김	서로마 제국과 동로마 제국으로 나뉨	서로마 제국 멸망	동로마(비잔티움) 제국 멸망

이렇게 많은 사람이 이동하는 날에는 조심해야 했는데……

제 말이 그겁니다!

게르만족의 대이동 때 로마인들이 이런 기분이었을 거야.

우르르

게르만족의 대이동이요?

그런 사건도 있었어요?

그래, 게르만족의 대이동은 로마 제국이 멸망하는 데 큰 역할을 했지.

게르만족의 대이동 경로

엄청나지?

으악! 보기만 해도 어지럽네요.

지중해

우리도 소파로 대이동!

어이쿠!

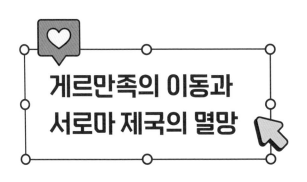

게르만족의 이동과 서로마 제국의 멸망

로마 제국은 군사 강국이었지만 시간이 지날수록 문제점이 드러나기 시작했어. 특히, 로마군만으로 광대한 영토를 방어하는 것은 불가능했지. 로마 제국은 동맹을 맺은 타민족에게 군사를 보내 달라고 했어. 대신 그 민족의 자치권을 인정해 주고 적으로부터 지켜 주었지. 타민족의 지도자를 원로원에 받아들이고 군인들에게 로마 시민권을 주기도 했어. 그렇게 동맹을 맺은 민족 중에 하나가 바로 게르만족이었단다.

 게르만족은 어떤 민족이었나요?

게르만족은 원래 북유럽 발트해 연안에서 농경과 목축을 하며 살던 여러 부족을 말해. 프랑크족, 앵글로색슨족, 고트족, 반달족 같은 부족들이지. 인구가 늘어나면서 농사지을 땅이 부족해지자 기원전 2세기경부터 따뜻하고 농사짓기 좋은 땅을 찾아 로마 제국까지 슬금슬금 내려왔어.

3세기경, 로마 제국이 오현제 시대가 끝나고 군인 황제들이 권력 다툼을 벌이던 군인 황제 시대였을 때 권력 다툼과 외적의 침입으로 혼란스러운 틈을 타서 게르만족은 로마 제국에 서서히 자리 잡았어. 로마 귀족들에게 땅을 빌려 농사를 짓거나 로마군의 용병이 되었지. 용병은 돈을 주고 고용한 군인을 말해.

그러던 중 375년경 게르만족이 로마 제국으로 대거 넘어오는 사건이 일어났어. 중앙아시아의 초원 지대에 살던 유목 민족인 훈족이 게르만족을 공격하자 훈족을 피해 게르만족이 대규모로 이동한 거야.

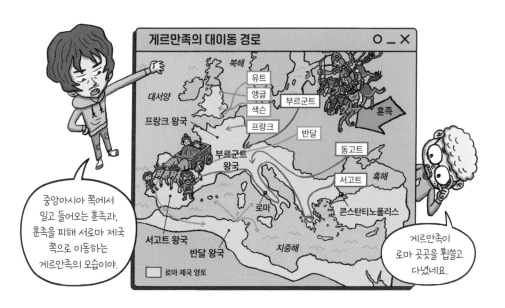

중앙아시아 쪽에서 밀고 들어오는 훈족과, 훈족을 피해 서로마 제국 쪽으로 이동하는 게르만족의 모습이야.

게르만족이 로마 곳곳을 휩쓸고 다녔네요.

 게르만족의 대이동으로 로마에는 어떤 변화가 있었나요?

게르만족이 대이동하자 로마 제국 곳곳이 혼란에 빠졌어. 테오도시우스 1세가 392년에 크리스트교를 국교로 정하고 신앙을 중심으로 로마 사람들을 하나로 모으려 했지만, 상황은 나아지지 않았지. 게다가 테오도시우스 1세는 죽기 전, 어린 두 아들에게 로마 제국을 반으로 나누어 물려줬어. 동로마 제국과 서로마 제국으로 나뉘면서 로마 제국의 힘은 더욱 약해졌어. 그 틈을 타서 게르만족은 더 많이 로마 제국의 국경을 넘어왔지.

동로마 제국은 수도 비잔티움을 중심으로 비교적 안정적으로 성장했어. 하지만 이미 외적과 내란에 시달리고 있던 서로마 제국은 게르만족을 막아 내기에 역부족이었어. 게다가 훈족의 왕인 아틸라마저 서로마 제국을 공격했어.

아틸라 외젠 들라크루아가 그린 「이탈리아와 예술품을 약탈하는 아틸라와 그의 무리들」에 묘사된 아틸라의 모습이야.

아틸라의 첫 번째 공격을 간신히 막은 서로마 제국은 452년에 이루어진 두 번째 공격에는 무너지고 말았어.

하지만 교황 레오 1세가 아틸라를 만나 설득한 덕분에 훈족은 서로
마 제국에서 물러났지.

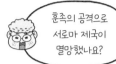
훈족의 공격으로
서로마 제국이
멸망했나요?

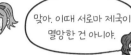
아니야. 서로마 제국은
게르만족의 이동으로
멸망했다고 했잖아.

맞아. 이때 서로마 제국이
멸망한 건 아니야.

「레오 1세와 아틸라의 만남」, 라파엘로 왼쪽에 사도 베드로와 바울의 보호 속에 나타난 사람이 레오 1세이고,
하늘에 나타난 성인을 보고 깜짝 놀라는 사람들이 아틸라와 훈족이야.

훈족이 물러나자 게르만족은 더욱 서로마 제국을 휩쓸고 다녔지.
서로마 제국의 군대는 대부분 이민족 출신의 용병이었는데, 그중 게르
만족 용병 대장 오도아케르가 반란을 일으켜 서로마 제국의 황제 로
물루스 아우구스툴루스를 쫓아냈어. 이로써 기원전 8세기 중엽부터
시작되었던 로마는 476년 게르만족에게 무너지고 말았단다.

서로마의 마지막 황제인 로물루스 아우구스툴루스는 어린 나이에 황제가 되었다가 게르만 출신의 용병 대장 오도아케르에게 퇴위당했지.

1,200년이나 이어진 로마가 멸망하다니…… 충격이에요.

오도아케르에게 왕관을 넘기는
로물루스 아우구스툴루스의 모습을 상상한 그림

 서로마 제국이 멸망한 뒤 무슨 일이 일어난 건지 궁금하다.

　게르만족은 이미 서로마 제국 곳곳에 자신들의 왕국을 세웠지. 이 때 게르만족이 세운 나라는 오늘날 유럽 나라의 시초가 되었어. 오늘날 프랑스, 독일 지역에는 프랑크 왕국, 영국 지역에는 앵글로색슨 왕국, 스페인 지역에는 서고트 왕국, 오스트리아와 이탈리아 지역에는 동고트 왕국, 북아프리카 지역에는 반달 왕국이 들어섰지. 그중 프랑크 왕국이 가장 오래 살아남았는데, 프랑크 왕국은 나중에 다시 살펴보자.

옛 서로마 제국 영토에 게르만족이 세운 왕국

프랑크 왕국

수에비 왕국

동고트 왕국

서고트 왕국

부르군트 왕국

반달 왕국

서로마 제국이 망하고 난 뒤, 게르만족 왕국들은 친하게 지내는 대신 서로를 적대시하면서 세력을 다퉜단다.

세계사 핵심만 쏙쏙!

▶ **서로마 제국의 몰락**

① 375년경 게르만족이 훈족을 피해 대규모로 이동함.

② 게르만족이 서로마 제국 곳곳에 왕국을 세움.

③ 476년 게르만족인 오도아케르가 반란을 일으켜 서로마 제국을 무너뜨림.

이제 게르만족의 시대가 왔다!

서로마 제국을 계승했다고
교황에게 인정받은 나라는?

서로마 제국이 게르만족에 의해 멸망한 뒤 그 자리에 게르만족이
세운 왕국이 여럿 들어섰어. 이 왕국들은 서로 더 많은 영토를
차지하려고 전쟁을 거듭하다가 대부분 무너졌지. 하지만 그중
옛 서로마 제국 영토의 많은 부분을 차지하고 서로마 제국을
계승했다고 인정받으며 강력한 세력으로 성장한 왕국이 있었어.
서유럽 문화의 기틀을 마련한 이 나라는 어디일까?

대관식이 뭐냐?

왕이 왕관을 처음으로 쓰는 의식이야. 왕위에 올랐음을 알리는 거지.

아직도 왕이 있는 나라가 있네?

왕이 있어도 대부분은 국민이 뽑은 대표자가 나라를 운영하지. 그걸 '입헌 군주제'라고 해.

수삭 수삭

으뜸이가 오늘따라 아주 박식한데?

아주 칭찬해! 붕어빵 먹자!

붕어빵, 진짜 맛있다!

왕이 있는 나라가 또 있어요?

여기 유럽 지도를 볼까?

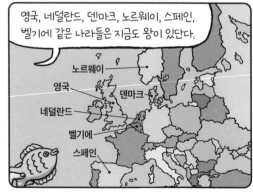

영국, 네덜란드, 덴마크, 노르웨이, 스페인, 벨기에 같은 나라들은 지금도 왕이 있단다.

노르웨이
영국
덴마크
네덜란드
벨기에
스페인

우아, 꽤 많네요?

우린 왕 같은 거 없다.

대부분 왕이 다스리던 나라였다가 입헌 군주제가 되었지.

마침 여기 버들이가 만든 왕관이 있네!

옛날 유럽에서는 교황이 왕관을 씌워 줘야 왕권을 인정받을 수 있었단다.

왜요?

당시 교황은 사람들의 정신적 지주였어. 그런 교황이 대관식을 통해 왕의 정당성을 인정해 주었지.

왕 탄생이요~!

짝, 짝

휘릭

삼촌 선생, 난 왕관보다 붕어빵이 더 좋다.

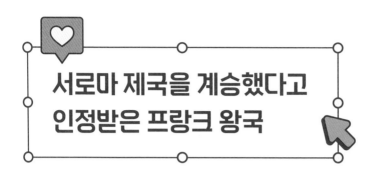

서로마 제국을 계승했다고 인정받은 프랑크 왕국

　게르만족이 서로마 제국 땅에 세운 나라 중에서 프랑크 왕국이 가장 오래 살아남았어. 프랑크족은 라인강 유역에 살았는데, 클로비스 1세가 주변 다른 프랑크족을 통합해 486년경에 프랑크 왕국을 세우고 메로빙거 왕조를 열었어. 클로비스 1세는 주변을 정복하며 서서히 영토를 확장해 500년경에는 현재의 프랑스 지역 대부분을 차지했단다.

클로비스 1세는 프랑크 왕국을 어떻게 다스렸나요?

　왕이 된 클로비스 1세는 정복한 땅에 사는 옛 서로마 사람들이 프랑크족보다 많고 문화 수준도 높다는 걸 고려했어. 서로마 사람들은 프랑크족을 비롯한 게르만족을 야만인이라며 무시했지. 이런 서로마 사람들과 잘 화합하기 위해 클로비스 1세는 서로마 사람들의 종교인 로마 가톨릭으로 개종하고 세례를 받았어. 클로비스 1세는 교회를 적극적으로 후원했고 교회에서도 이런 클로비스 1세에게 수도사들을 보내 프랑크 왕국의 법률을 기록하거나 왕에게 조언하는 역할을 하도록 했지. 이런 노력 덕분에 서로마 사람들의 반발이 크게 줄었어. 이렇게 클로비스 1세는 여러 민족을 통합하고 로마 교황과 우호 관계를 쌓으면서 프랑크 왕국의 기초를 다지는 데 성공했어. 하지만 클로비스 1세가 죽은 뒤 문제가 생겼지.

클로비스 1세 크리스트교를 후원하고 크게 성장시켰어.

설마 또 권력 다툼이 일어났나요?

정말 지구별 역사는 반복되는구나.

클로비스 1세가 죽자 프랑크 왕국은 그의 네 아들에게 상속되었어. 아들들은 영토를 독차지하기 위해 싸움을 벌였지. 결국 막내아들인 클로타르 1세가 558년 프랑크 왕국을 통일했어. 하지만 그가 죽은 뒤에 세 아들이 또 다툼을 벌이면서 프랑크 왕국은 다시 전쟁에 휩쓸렸고 이런 일은 되풀이되었어.

8세기에 이르러 이슬람 세력이 이베리아반도를 넘어 침입했어. 왕의 아들들이 싸우느라 정신없을 때 관리였던 카롤루스 마르텔이 이슬람 세력을 막아 냈단다. 그러자 로마 교회는 크리스트교 세계를 지켜 냈다며 카롤루스 마르텔을 적극 후원했고 그의 아들 피핀을 프랑크 왕국의 왕으로 인정해 주었지. 대신 피핀은 군대를 보내 교황을 지켜 주고 이탈리아 중부 지역을 넘겨주었어. 피핀은 751년 메로빙거 왕조를 무너뜨리고 프랑크 왕국의 왕위에 올라 카롤링거 왕조 시대를 열었지.

 교황은 왜 카롤루스 마르텔을 적극 후원했어요?

좋은 질문이야. 크리스트교가 로마 제국의 국교가 되었다고 했지? 로마 제국이 동로마 제국과 서로마 제국으로 나뉘면서 교회도 동방 교회와 서방 교회로 나뉘게 되었어. 서로마 제국이 멸망한 뒤, 서방 교회의 대주교는 스스로를 교황이라고 칭하면서 점차 최고의 권위자로 자리 잡았어.

그러다 726년 성상 파괴 운동이 일어났지. 동로마 제국(비잔티움 제국)의 황제인 레오 3세가 신의 형상을 조각이나 그림으로 표현한 성상이 불경하다며 성상 숭배를 금지하는 성상 숭배 금지령을 내린 거야. 동방 교회는 황제의 명령을 따랐지만, 서방 교회의 입장은 좀 달랐어. 서방 교회는 글을 잘 모르는 게르만족에게 크리스트교를 전도할 때 성상을 보여 주며 설명하는 게 효과가 좋았기 때문에 성상 숭배 금지령에 반대했어.

이런 갈등이 계속되자 교황은 동로마 제국의 간섭에서 벗어나 독립적인 권위를 세우고 싶었지. 그러려면 동로마 황제 대신 교회를 보호해 줄 강력한 서유럽 세력이 필요했단다.

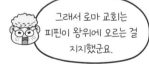
그래서 로마 교회는 피핀이 왕위에 오르는 걸 지지했군요.

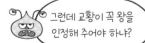
그런데 교황이 꼭 왕을 인정해 주어야 하냐?

그 당시 교회는 세상의 기준이나 다름없었어. 사람들은 교회 규율에 따라 생활했고, 교회와 성직자는 사람들의 일상에 깊게 관여했지. 그런 로마 교회의 최고 권위자인 교황이 인정했으니, 사람들도 피핀을 왕으로 받아들인 거야.

768년 피핀의 아들인 카롤루스 대제가 왕위에 올랐어. 카롤루스 대제는 오늘날의 프랑스, 독일, 이탈리아에 해당하는 지역까지 영토를 넓히고 정복한 지역 곳곳에 수도원과 교회를 세우며 크리스트교를 전파했어. 동로마 제국 황제가 내린 성상 숭배 금지령으로 압박을 받고 있던 교황 레오 3세는 카롤루스 대제야말로 서로마 제국의 계승자라고 치켜세우면서 800년에 로마에서 대관식을 열고 카롤루스 대제에게 서로마 황제의 관을 씌워 주었어.

「카롤루스 대제의 대관식」, 프리드리히 카울바흐 이 대관식을 통해 교황 레오 3세는 카롤루스 대제를 황제로 인정했고, 로마 교회는 카롤루스 대제의 보호를 받았지.

서로마 제국을 무너뜨린 게르만족이 세운 프랑크 왕국의 왕이 서로마 제국의 황제로 인정받다니…… 오래 살고 볼 일이다.

그래, 외계인이 400살이니 오래 살기는 했지.

이후에도 성상 숭배를 둘러싼 갈등이 이어졌고, 11세기에 이르러 크리스트교 세계는 서유럽의 로마 가톨릭과 동유럽의 그리스 정교로 나뉘게 되었단다.

 ## 카롤루스 대제는 어떤 일을 했나요?

카롤루스 대제는 나라 곳곳에 학교를 세우고 라틴어를 가르쳤어. 로마 고전 문화의 부활을 장려하며 성직자들에게 고전을 그대로 옮겨 적게 하는 등 학문과 문화 발전에 힘썼어. 이런 카롤루스 대제의 노력으로 로마 문화, 크리스트교, 게르만 문화가 융합되어 중세 서유럽 문화의 기틀이 마련되었지. 서유럽 세계를 정치, 문화적으로 통일한 카롤루스 대제의 정신은 현재에도 이어지고 있어.

카롤루스 대제가 세상을 떠난 뒤 그의 아들 루트비히 1세가 프랑크 왕국을 다스렸는데, 루트비히 1세가 세 아들에게 나라를 물려주면서 프랑크 왕국은 다시 서프랑크, 중프랑크, 동프랑크로 나뉘었어. 이 세 왕국은 각각 오늘날의 프랑스, 이탈리아, 독일의 기원이 되었단다.

프랑크 왕국은 그 뒤로도 분열과 통일을 반복하다가 결국 987년에 서프랑크 왕국의 카롤링거 왕조가 단절되며 역사의 막을 내렸단다.

카롤루스 대제 카롤루스 대제가 이룬 빛나는 성과를 기리는 뜻에서 훗날 사람들은 카롤루스 대제를 '유럽의 아버지'라고 불렀단다.

 맨날 싸우니 군인들의 역할이 중요해졌을 것 같다.

그렇지. 몇백 년 동안 싸우다 보니, 전문적인 군인 즉 기사의 역할이 중요해졌어. 왕은 기사에게 봉토를 주고 그 대가로 기사에게 충성을 요구했지. 이런 계약 관계를 봉건제라고 해.

기사가 왕에게 받은 토지인 봉토(영지)는 장원을 이루었고, 기사는 영주로서 왕이나 다름없는 영향력을 행사하며 장원을 다스렸어. 이 장원제와 봉건제는 중세 유럽의 중요한 특징인데, 다음에 더 자세히 알아보자.

 중세 유럽이요? 중세가 정확히 뭐예요?

역사의 시대 구분 중 하나이지. 크게 고대, 중세, 근대로 나누는데,

서양에서는 게르만족이 이동한 5세기부터 동로마 제국이 멸망한 15세기까지를 중세라고 한단다.

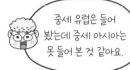
중세 유럽은 들어 봤는데 중세 아시아는 못 들어 본 것 같아요.

중세 아시아? 무척 어색하다.

맞아. 동양사에서는 중세라는 시대 구분을 적용하기 어렵다는 견해가 많단다.

세계사 핵심만 쏙쏙!

▶ 프랑크 왕국의 발전과 몰락

① 프랑크 왕국을 세운 클로비스 1세가 로마 가톨릭으로 개종함.

② 카롤루스 마르텔의 아들인 피핀이 카롤링거 왕조를 세움.

③ 성상 파괴 운동으로 압박을 받던 교황은 800년에 카롤루스 대제를 서로마 황제로 임명함.

④ 카롤루스 대제가 옛 로마의 문화를 되살리고 크리스트교를 장려하면서 중세 서유럽 문화의 기틀을 마련함.

⑤ 프랑크 왕국이 셋으로 갈라지며 오늘날의 프랑스, 이탈리아, 독일의 기원이 됨.

카롤루스 대제

오늘날 유럽의 기틀을 쌓은 왕이 나야~, 나!

세 번이나 이름이 바뀐
비잔티움(동로마) 제국의 수도는?

서로마 제국이 멸망한 뒤에도 동로마 제국은 외적의
침입을 잘 막아 내며 발전했어. 옛 그리스의 식민 도시에
자리 잡은 동로마 제국은 그리스 문화의 영향을 받아
기존의 로마 제국과는 점차 다르게 발전했단다.
훗날 사람들은 동로마 제국을 '비잔티움 제국'이라고 불렀어.
이후 이름이 세 번이나 바뀐 비잔티움 제국의 수도는 어디일까?

395년
서로마 제국과
동로마 제국으로 나뉨

476년
서로마 제국
멸망

1453년
비잔티움(동로마) 제국
멸망

자, 오늘 공부할 세계사의 무대는 어디일까?

으, 저는 점쟁이가 아닙니다.

힌트 없나요?

눈치 3만 단, 아이큐 29,876인 난 알 것 같다. 저번에 서로마 제국에 대해 공부했으니, 이번엔······.

찌릿

쭈욱

그렇지! 바로 동로마 제국의 수도, 콘스탄티노폴리스이야!

빵야

콘스탄티노폴리스라고요?

비잔티움이 아니고요?

맞아, 콘스탄티누스 대제가 로마 제국의 수도를 비잔티움으로 옮겼잖아? 황제의 이름을 따서 비잔티움을 '콘스탄티노폴리스'라고 불렀지. 콘스탄티노폴리스란, '콘스탄티누스의 도시'라는 뜻이야.

아하! 그리스의 식민 도시였던 비잔티움이 로마의 수도가 되면서 콘스탄티노폴리스가 된 거로군요.

그렇지! 그리고 1453년 오스만 제국에게 멸망하면서 '콘스탄티니예'로 불리게 돼. 콘스탄티노폴리스를 튀르키예식으로 부른 거야.

빵야

어휴, 이름도 많다!

그런데 한 번 더 이름이 바뀌지. 바로 이스탄불! '도시'라는 뜻으로, 1924년부터 공식 명칭이 되었고 지금까지 쓰이고 있어.

머리가 아프다! 뭐가 그리 복잡하냐!

땅의 주인이 자주 바뀌었기 때문이지.

콘스탄티노폴리스는 여러 나라에서 탐낼 만큼 지리상으로 아주 중요한 곳에 위치해 있거든. 아시아와 유럽을 잇는 동서 교역의 요충지인 덕분에 중계 무역으로 큰 이익을 볼 수 있을 뿐 아니라 사산 왕조 페르시아를 감시하기에도 안성맞춤인 곳이었단다.

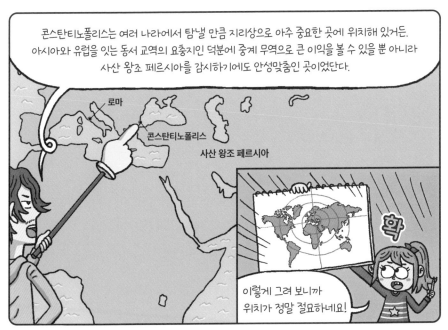

로마

콘스탄티노폴리스

사산 왕조 페르시아

윽

이렇게 그려 보니까 위치가 정말 절묘하네요!

비잔티움 제국의 수도이자
동서 교역의 중심지, 콘스탄티노폴리스

콘스탄티누스 대제가 새로운 로마를 만든다며 옛 그리스의 식민 도
시였던 비잔티움으로 수도를 옮겼다고 했지?

 비잔티움으로 수도를 옮긴 이유가 있나요?

비잔티움은 유럽과 아시아를 잇는 중간 지점에 위치해 있어서 동방
의 강국을 막는 데 최적의 장소였어. 콘스탄티누스 대제는 수도를 옮기
면서 외적을 막기 위해 성벽을 세웠지. 100여 년 뒤, 테오도시우스 2세
황제가 기존의 성벽을 세 겹으로 보강하면서 콘스탄티노폴리스는 난
공불락의 요새가 되었어. 주변에 사산 왕조 페르시아 같은 강국들이
있었고, 실제로 외적의 침입이 잦았으니 철저한 방어가 필요했지.

시간이 흐르면서 동로마 제국은 옛 로마 제국과는 다른 방향으로
발전했단다. 그리스의 식민 도시였던 비잔티움에 자리 잡으면서 동로
마 제국도 그리스 문화에 영향을 많이 받았지. 7세기에는 그리스어를
공용어로 사용할 정도였어. 그래서 훗날 사람들은 옛 로마 제국과 구
분해 동로마 제국을 비잔티움 제국으로 불렀지.

콘스탄티노폴리스는 동서 교역의 중심지였어. 유럽과 아시아를 잇는 위치 덕분에 무역의 중심지로 성장했고 한때 세계 최대 도시로 번영했지. 다양한 예술과 상업이 발전하며 경제와 문화의 중심지가 되었단다.

 비잔티움(동로마) 제국은 어떻게 발전했는지 궁금하다.

527년 황제의 자리에 오른 유스티니아누스 황제는 서로마 제국의 옛 영토를 되찾겠다고 마음먹었어. 당시 옛 서로마 제국의 땅에는 게르만족을 비롯한 이민족이 세운 반달 왕국, 동고트 왕국 등이 자리 잡고 있었어. 유스티니아누스 황제는 벨리사리우스 같은 뛰어난 장군을 보내 이들과 전쟁을 벌였지.

유스티니아누스 황제

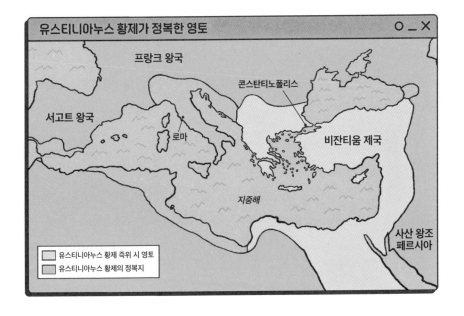

유스티니아누스 황제가 정복한 영토 ○ _ ✕

프랑크 왕국

콘스탄티노폴리스

서고트 왕국

로마

비잔티움 제국

지중해

사산 왕조 페르시아

유스티니아누스 황제 즉위 시 영토
유스티니아누스 황제의 정복지

오늘날의 북아프리카, 스페인 남부, 이탈리아반도를 되찾는 데 성공했단다. 중간에 역병이 일어나지 않았다면 더 많은 영토를 차지했을 거야. 또 사산 왕조 페르시아, 불가르족, 슬라브족의 침입을 막아 내기도 했지.

 유스티니아누스 황제 때 비잔티움 제국은 전성기를 이루었나요?

맞아, 유스티니아누스 황제는 비잔티움 제국의 전성기를 이끌었어. 서로마 제국 영토의 상당 부분을 회복했을 뿐만 아니라 황제 중심의 강력한 중앙 집권 체제를 구축했단다. 또 통치 체계를 세우기 위해 법률을 정리하는 데 힘을 기울였어. 529년부터 534년까지 여러 번에 걸쳐 기존의 법률을 재정비해서『유스티니아누스 법전』을 편찬했어. '로마법 대전'이라고도 불리는 이 법전은 비잔티움 제국의 기초가 되었지. 또한 훗날 유럽 나라들의 법 체계 근간을 이룰 정도로 큰 영향을 끼쳤단다. 또 유스티니아누스 황제는 대규모 건축 사업을 벌였어. 각종 수로와 교량을 건설하고 중요한 요새, 수도원, 고아원 등을 세우며 사회 기반 시설을 확충했지. 특히 교회를 많이 지었는데 그중 성 소피아 대성당이 가장 유명해.

 성 소피아 대성당이요? 들어 본 적이 있는 것 같아요.

워낙 유명하니 너희도 한 번쯤 들어 봤을 거야. 사실 콘스탄티누스

성 소피아 대성당 내부
모자이크화

성 소피아 대성당 비잔티움 제국의
건축과 미술에서는 웅장한 돔과
화려한 모자이크가 특징인
비잔티움 양식이 발달했지.
성 소피아 대성당이 대표적이야.

성 소피아 대성당의 내부 성 소피아 대성당
내부에는 이슬람교 신 알라와 선지자
무함마드, 종교 지도자 칼리프 등의
이름이 적힌 장식이 걸려 있어.

2세가 처음 지었는데, 몇 번의 화재로 불타 버렸어. 이후 유스티니아
누스 황제가 537년에 성 소피아 대성당을 완전히 새롭게 재건했지.

성 소피아 대성당은 엄청난 규모와 화려함을 자랑하며 비잔티움 건
축의 상징이 되었단다. 웅장한 둥근 돔 지붕이 특징인 성 소피아 대성
당은 성당 내부에 여러 가지 색상의 돌로 장식한 모자이크화로도 유
명해.

성 소피아 대성당 내부에 왜 이슬람교의 장식이 있는지 궁금하다.

역시 예리하군. 그건 콘스탄티노폴리스의 파란만장한 역사와 관련이 있어. 6세기경 비잔티움 제국의 전성기를 이끌었던 유스티니아누스 황제가 죽은 뒤 비잔티움 제국은 여러 난관에 봉착했어. 대토지를 소유한 지방 귀족들이 반란을 일으키고 서아시아 쪽에서 일어난 사산 왕조 페르시아와 이슬람 세력이 침입하는 등 갖은 내란과 외환에 시달렸어. 그러다 결국 1204년부터 1261년까지 십자군이 콘스탄티노폴리스를 점령하고 라틴 제국을 세웠지. 이때 성 소피아 대성당은 그리스 정교 성당에서 로마 가톨릭 성당으로 개조되었어. 이후 라틴 제국이 망하고 비잔티움 제국이 재건되면서 다시 그리스 정교 성당으로 복귀했지. 그런데 1453년에 콘스탄티노폴리스를 정복한 오스만 제국에 의해 또다시 이슬람 모스크로 바뀌었어. 그 뒤 1935년에 박물관으로 쓰였다가 2020년 다시 모스크로 사용되고 있단다.

성 소피아 대성당 내부에 걸린 이슬람교 장식

 그런데 그리스 정교는 뭐예요?

로마 제국이 동로마와 서로마로 나뉘면서, 크리스트교도 동로마 제국으로 옮겨 간 동방 교회와 서로마 제국에 남아 있던 서방 교회로 나뉘었다고 했지? 동로마 제국이 자리 잡은 비잔티움은 원래 그리스의 식민 도시였던 탓에 그리스 문화가 많이 남아 있었어. 동방 교회는 그리스 문화의 영향을 많이 받으면서 서방 교회와는 점점 다른 방향으로 발전했지.

그러다가 성상 파괴 사건이 일어나면서 완전히 갈라섰지. 그 후 동방 교회는 그리스 정교로, 서방 교회는 로마 가톨릭으로 일컫게 되었단다.

비잔티움 제국은 그리스 정교를 바탕으로 그리스 로마 문화와 헬레니즘 문화를 융합하여 독특한 비잔티움 문화를 발전시켰어. 비잔티움 제국에서는 그리스어가 공용어로 사용되었고, 그리스 로마 고전 연구가 활발하게 이루어졌단다. 이후 이탈리아 르네상스에 영향을 끼쳤지. 또 비잔티움 문화는 유럽 동북부 지역에 영향을 줘서 오늘날 동유럽 문화의 바탕이 되었어.

비잔티움 제국의 「수태고지」

르네상스 시대의 「수태고지」, 프라 안젤리코

두 작품 모두 「수태고지」라는 작품이야. 천사가 성모 마리아에게 하느님의 아들을 잉태할 것이라고 알리는 장면을 그렸지. 인물이나 배경의 표현이 비슷해 보이지?

나도 천사 할래.

 비잔티움 제국은 어떻게 천 년이나 이어질 수 있었는지 궁금하다.

첫째, 비잔티움 제국은 아시아와 유럽 사이에 위치해 동서 무역의 중심지 역할을 하면서 경제적으로 부유했어.

둘째, 비잔티움 제국의 황제는 교회의 우두머리 역할까지 담당했어. 정치와 종교 권력이 황제에게 집중되어 있으니 권력 다툼으로 인한 혼란이 적었지.

셋째, 수도 콘스탄티노폴리스가 거대하고 튼튼한 성벽으로 둘러싸여 있어서 게르만족을 비롯한 이민족이 쉽게 침입할 수 없었어.

이러한 이유로 비잔티움 제국은 천 년 이상 안정적으로 번영할 수 있었단다.

세계사 핵심만 쏙쏙!

▶ **비잔티움 제국의 성립과 발전, 그리고 몰락**

① 330년 콘스탄티누스 대제가 비잔티움으로 수도를 옮김.

② 395년 로마 제국이 동로마 제국과 서로마 제국으로 나뉨.

③ 6세기에 유스티니아누스 황제가 비잔티움 제국의 전성기를 이끎.

④ 그리스 정교를 바탕으로 그리스 로마 문화와 헬레니즘 문화를 융합하여 독특한 비잔티움 문화가 발전함.

⑤ 1453년 비잔티움 제국이 오스만 제국에 의해 멸망함.

옛 페르시아 왕국의 부흥을 외치며 일어난 나라는?

메소포타미아 지역을 지배했던 아케메네스
왕조 페르시아는 기원전 330년에 마케도니아의
알렉산드로스에게 멸망당했어.
그 후 아케메네스 왕조 페르시아를
부흥시키겠다며 일어나
강국으로 성장한 나라는 어디일까?

기원전 3세기 중엽
파르티아 건국

226년
사산 왕조 페르시아 성립

651년
사산 왕조 페르시아 멸망

이야기는 이렇게 시작해. 페르시아의 왕이 왕비가 다른 사람을 사랑하는 걸 알게 되자, 격노해 왕비를 죽이고는 날마다 새 여인을 맞이한 뒤 다음 날이면 목숨을 빼앗았단다.

그때 지혜로운 여인 셰에라자드가 왕을 만난 첫날밤, 재미난 이야기를 시작했어. 너무나 재미있는 이야기라서 왕은 셰에라자드를 죽이지 못하고 밤마다 계속 이야기를 들었단다. 「신드바드의 모험」, 「알리바바와 40인의 도적」 등등 신비로운 모험 이야기를 즐기는 사이 무려 1,001일이 흘렀지.

까악~

열려라, 참깨!

주인님, 불렀어요?

일일 드라마가 따로 없네요.

1,001일째 날이 밝자, 셰에라자드는 드디어 이야기를 끝냈지. 왕은 그녀의 지혜에 잘못을 깨닫고 마음을 바꿔, 셰에라자드와 평생을 함께하기로 했어.

흑흑, 눈물 없이는 듣지 못할 감동적인 이야기로다.

외계인아, 이야기에 너무 푹 빠진 것 같아.

『아라비안나이트』는 이야기도 재미있지만, 사산 왕조 페르시아의 문화와 사상이 잘 드러난 작품이기도 해.

사산 왕조 페르시아라고? 크흥.

악, 콧물!

『아라비안나이트』가 탄생한
중계 무역의 강국, 사산 왕조 페르시아

사산 왕조 페르시아는 3세기 초 조로아스터교 제사장이었던 사산의 손자 아르다시르 1세가 아케메네스 왕조 페르시아를 부흥시키겠다며 파르티아를 몰아내고 메소포타미아 지역에서 인더스강에 이르는 대제국을 이룬 나라야.

서아시아 세계를 통일했던 아케메네스 왕조 페르시아가 알렉산드로스에게 정복당한 거 기억하니? 알렉산드로스가 죽은 뒤 알렉산드로

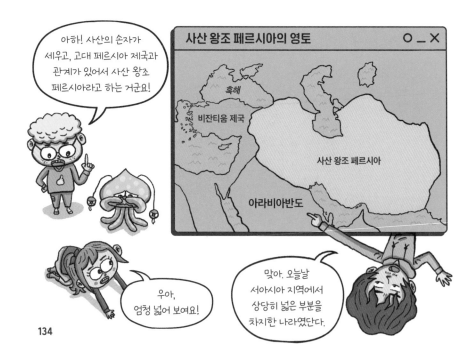

아하! 사산의 손자가 세우고, 고대 페르시아 제국과 관계가 있어서 사산 왕조 페르시아라고 하는 거군요!

사산 왕조 페르시아의 영토 ○ _ ✕

흑해

비잔티움 제국

사산 왕조 페르시아

아라비아반도

우아, 엄청 넓어 보여요!

맞아. 오늘날 서아시아 지역에서 상당히 넓은 부분을 차지한 나라였단다.

스 제국은 여러 나라로 분열되었어. 서쪽은 로마 제국의 지배를 받았고 동쪽은 기원전 3세기 중엽 이란계 유목민이 파르티아를 세웠지. 파르티아는 동서 무역로를 장악해 중계 무역으로 번영했어.

하지만 파르티아는 로마 제국과 인도의 쿠샨 왕조 등과 여러 차례 전쟁을 벌이면서 쇠약해져 결국 226년에 사산 왕조 페르시아에 멸망당했어.

 조로아스터교는 어떤 종교예요?

조로아스터교는 아케메네스 왕조 페르시아 때 철학자인 조로아스터(자라투스트라)가 창시한 종교야. 처음에는 여러 신을 믿는 토착 신앙과 결합되어 전파되다가 파르티아 때 '아후라 마즈다'라는 신을 유일신으로 섬기는 신앙으로 발전했어. 사산 왕조 페르시아 때 국교가 되면서 크게 번성했지. 아라비아반도에 이슬람교가 퍼지면서 세력이 크게 줄었지만, 오늘날에도 인도와 이란 일부 지역에서는 여전히 조로아스터교를 믿는단다.

사산 왕조 페르시아에서는 신의 권력을 받은 왕이 절대 권력을 행사했지.

조로아스터교 최고신이 새겨진 부조
사산 왕조 페르시아를 세운 아르다시르 1세가 유일한 신인 아후라 마즈다에게 왕권을 상징하는 고리를 받는 모습을 새긴 부조야.

『아라비안나이트』가 사산 왕조 페르시아 때 지은 이야기인가?

『아라비안나이트』는 한 사람이 지은 이야기가 아니야. 고대 페르시아, 인도, 이집트, 그리스의 설화와 민담을 모은 이야기 모음집이야. 사산 왕조 페르시아 때 만들어진 이야기에 훗날 사산 왕조 페르시아를 정복한 이슬람교 아랍인의 이야기가 덧붙여져 아랍어로 기록되었지. 이것이 여러 언어로 번역되면서『아라비안나이트』또는 1,001일 밤의 이야기라는 뜻으로『천일야화』로 알려지게 된 거야.『아라비안나이트』에 나오는 이야기는 다 재미있지.

특히 신드바드가 온갖 모험 끝에 막대한 재산을 모아 바그다드로 돌아오는 과정을 일곱 번이나 반복하는 「신드바드의 모험」은 사산 왕조 페르시아의 특징이 잘 녹아 있는 이야기야.

사산 왕조 페르시아의 특징이 뭐예요?

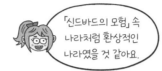

「신드바드의 모험」 속 나라처럼 환상적인 나라였을 것 같아요.

하하, 그 말도 맞네.

사산 왕조 페르시아에 대해 좀 더 알아볼까? 사산 왕조 페르시아를 세운 아르다시르 1세는 아케메네스 왕조 페르시아의 영광을 되살리겠다며 서쪽으로는 로마 제국, 동쪽으로는 인도 북서부의 쿠샨 왕조와 영토 전쟁을 벌였어. 2대 왕인 샤푸르 1세는 260년경에 로마 제국과 전쟁을 벌이다가 당시 로마 제국의 황제인 발레리아누스를 납치해

삼촌은 내 포로다!

로마 제국 황제에겐 굉장히 치욕적인 사건이었겠네요.

이 바위 부조는 말에 탄 샤푸르 1세가 로마 제국 황제를 포로로 잡는 장면을 묘사하고 있어.

포로로 삼기까지 했지.

그 후로 사산 왕조 페르시아는 혼란과 안정을 반복하다가 호스로 1세 때 눈부신 황금기를 맞았어. 호스로 1세는 비잔티움 제국의 유스티니아누스 황제와 영토 다툼을 벌이다가 조공을 받기로 하고 전쟁을 끝낼 만큼 강한 군사력으로 나라를 이끌었지. 또 동서 교역로를 장악해 무역으로 나라를 부강하게 만들고, 세금 제도를 개혁해 재정을 정비하고 농업을 장려했어. 조로아스터교를 중심으로 나라를 통합했지만 다른 종교에도 관용을 베푸는 등 정치, 문화, 사회, 종교적으로 안정되고 평화로운 시대를 이끌었지.

하지만 579년 호스로 1세가 세상을 떠난 뒤 사산 왕조 페르시아는 비잔티움 제국과 여러 번 전쟁을 벌인 데다가 반란까지 일어나 점점 약해졌어. 결국 651년 이슬람 세력에게 무너지고 말았단다.

사산 왕조 페르시아는 멸망했지만, 활짝 꽃피웠던 사산 왕조 페르시아 문화는 오랫동안 이어졌지. 지금까지 남아 있는 웅장한 궁전의 일부와 벽에 새겨진 조각, 정교한 금·은·구리·유리 공예 제품 등을 보면 당시 사산 왕조 페르시아의 문화 수준이 매우 높았음을 알 수 있단다.

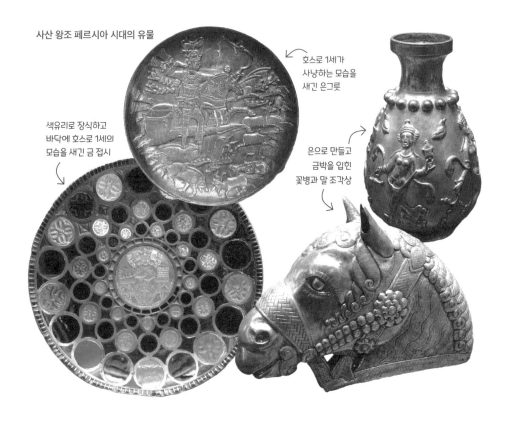

사산 왕조 페르시아 시대의 유물

호스로 1세가 사냥하는 모습을 새긴 은그릇

색유리로 장식하고 바닥에 호스로 1세의 모습을 새긴 금 접시

은으로 만들고 금박을 입힌 꽃병과 말 조각상

사산 왕조 페르시아의 공예품은 동서 교역로인 비단길을 통해 서쪽으로는 비잔티움 제국을 비롯한 유럽 나라에, 동쪽으로는 중국, 인도, 일본은 물론 우리나라에도 전해졌단다.

 사산 왕조 페르시아 문화가 우리나라에 전해졌다고요?

그래, 우리나라 신라 시대 유물에서 사산 왕조 페르시아의 흔적을 발견할 수 있어.

삼촌 선생, 그래서 신드바드 모험 이야기에서 발견한 사산 왕조 페르시아의 특징이 뭔지 궁금하다.

아차, 화려한 사산 왕조 페르시아 문화를 살펴보다가 잊을 뻔했네. 사산 왕조 페르시아는 동서 무역로 중간에 위치해 여러 나라와 활발히 교류하며 세계 곳곳으로 진출했지. 상인이었던 신드바드가 왜 일곱 번이나 모험을 떠났는지 이해가 되지 않니?

경주 괘릉에는 페르시아인의 얼굴을 닮은 무인석이 있단다.

페르시아 상인들이 세계 여러 나라를 열심히 돌아다녔군.

와, 신기해. 페르시아 상인이 우리나라까지 왔다니!

세계사 핵심만 쏙쏙!

▶ 사산 왕조 페르시아의 성립과 발전, 그리고 몰락

① 226년 사산 왕조 페르시아가 세워짐.
② 호스로 1세 때 전성기를 맞이함.
③ 무역을 통해 세계 곳곳에 사산 왕조 페르시아의 문화를 퍼뜨림.
④ 651년 이슬람 세력에게 멸망당함.

종교로 나라를 이끈 인도의 두 왕조는?

1세기경 쿠샨족이 북인도에 세운 왕조는 불교를
널리 퍼뜨렸지. 이 왕조가 쇠퇴한 뒤 320년경에 일어난
또 다른 왕조는 브라만교에 민간 신앙과 불교가 융합된
힌두교를 널리 퍼뜨렸어. 불교와 힌두교를 통해
나라를 이끈 인도의 대표적인 두 왕조를 알아볼까?

옛날에는 돼지가 사람이 먹고 남긴 찌꺼기 같은 걸 먹었거든.
그래서 불가촉천민들이나 먹는 더러운 동물이라고 생각했어. 또 불교에서
살생을 금하다 보니, 자연스럽게 돼지고기를 먹지 않게 된 거야.

오물
오물

그럼 소고기는요?

소는 먹는 것보다 키우는 게 이득이니까.
소가 밭도 갈고, 우유도 주잖아.
또 소똥은 연료가 되기도 해.

게인아
입에 소스~.

또 힌두교에서 소는 시바신이 타고
다니는 동물이기도 하고, 비슈누신의
화신이기도 하고, 또 크리슈나신에게
보호받는 동물이기도 하지.

앙

신이 많네요?

인도인의 종교인 힌두교는 수많은 토속신을 받아들여서
그리스 로마 신화처럼 신이 많단다. 힌두교는 크리스트교와
이슬람교에 이어, 세 번째로 신자가 많은 종교이기도 해.

좀 닦아.

오물
오물

세계에서 세 번째로
신자가 많다고요?

그러면 힌두교가
세계 3대 종교
중 하나인가?

아니, 그렇지는
않아.

찌이우익

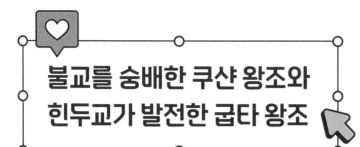

불교를 숭배한 쿠샨 왕조와 힌두교가 발전한 굽타 왕조

 왜 힌두교는 세계 3대 종교로 꼽히지 않아요?

힌두교는 주로 인도와 그 주변 몇몇 나라에서만 믿는 종교야. 인구가 약 14억 명인 인도에서 약 80퍼센트 정도가 힌두교를 믿고 있으니까 인도의 힌두교 신자만 약 10억 명에 이르지. 신자 수는 많지만 대부분 인도인이 믿기 때문에 세계 3대 종교라고 꼽히지 않는단다. 반면 크리스트교, 이슬람교, 불교는 전 세계에서 널리 믿는 종교야.

 왜 인도 사람들은 힌두교를 많이 믿는 건지 궁금하다.

그걸 알려면 인도의 역사에 대해서 알아야 해. 싯다르타가 불교를 창시한 거 기억하니?

브라만교에 대한 반발로 불교를 창시했다고 했어요.

맞아, 브라만교의 형식화된 제사 의식과 카스트제의 신분 차별에 반대했지.

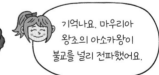
기억나요. 마우리아 왕조의 아소카왕이 불교를 널리 전파했어요.

맞아, 하지만 아소카왕이 죽은 뒤 마우리아 왕조는 급격히 쇠퇴하였고 인도는 한동안 혼란에 빠졌어. 그러다 1세기경 이란계 쿠샨족이 북인도에 쿠샨 왕조를 세웠어.

한 무제 때 장건이 개척한 비단길을 기억하지? 쿠샨 왕조는 비단길의 중간 지점에 있어서 중국 후한과 로마를 연결하는 중계 무역으로 번영을 누렸단다.

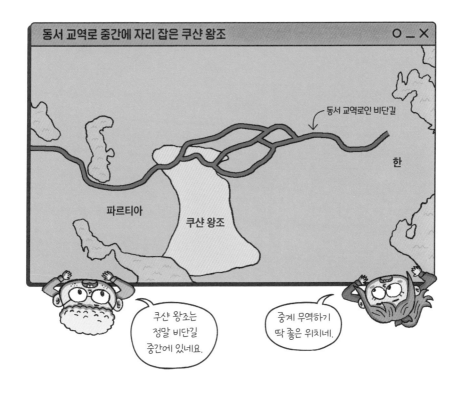

쿠샨 왕조는 2세기 중엽 카니슈카왕 시기에 전성기를 맞이했단다. 카니슈카왕은 북인도에서 중앙아시아에 이르는 넓은 영토를 차지하

는 한편, 민생을 안정시키고 여러 학문을 후원했어. 특히 개인의 해탈보다 중생의 구제를 강조하는 대승 불교를 적극적으로 후원해서 나라곳곳에 불교 사원과 탑을 세우고 부처의 모습을 조각한 불상을 많이 만들었어. 부처를 초월적인 존재로 신격화하여 신앙의 대상으로 삼은 거야.

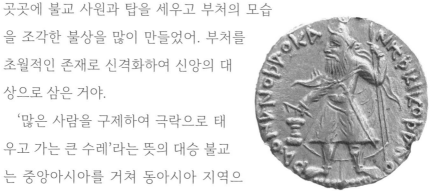

'많은 사람을 구제하여 극락으로 태우고 가는 큰 수레'라는 뜻의 대승 불교는 중앙아시아를 거쳐 동아시아 지역으로 전파되었어.

카니슈카왕이 새겨진 주화

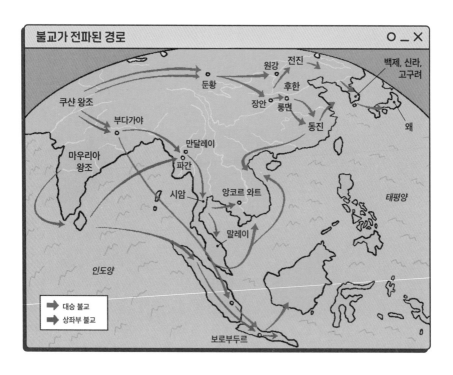

불교가 전파된 경로

원강 전진
둔황
백제, 신라, 고구려
쿠샨 왕조
부다가야 후한
장안
롱먼
마우리아 왕조 왜
만달레이
파간 동진
시암
앙코르 와트
태평양
말레이
인도양
보로부두르

➡ 대승 불교
➡ 상좌부 불교

쿠샨 왕조 때 불상을 보면 특이한 점을 발견할 수 있어. 그게 뭘까?

특이하다고요?

혹시 인도인을 닮았나?

쿠샨 왕조 때 불상은 인도인이 아니라 그리스 신의 모습을 닮았어. 곱슬머리에 하늘하늘 주름이 진 옷을 입었지.

 왜 인도인이 만든 불상이 그리스 신의 모습을 닮았어요?

마케도니아의 알렉산드로스가 죽은 뒤 여러 나라가 세워졌다가 망하기를 되풀이하는 과정에서 일부 그리스인들이 북인도까지 흘러들어 가 간다라에 자리 잡았어. 이곳에서 그리스 문화와 쿠샨 왕조의 불교가 만난 거야.

쿠샨 왕조가 불교를 후원하면서, 간다라 지방을 중심으로 그리스 문화에 인도의 불교 문화가 섞인 아주 독특한 불교 미술이 탄생했어.

곱슬머리에 오똑한 코, 움푹 들어간 눈은 그리스 신을 닮았나?

섬세한 옷주름 좀 봐. 멋지다.

간다라 불상 초기 불교에서는 부처의 모습을 형상화하지 않았는데, 쿠샨 왕조 시기부터 그리스의 영향을 받아 불상을 만들기 시작했어.

그리스 문화에 영향을 받아서 그리스 신화에 나오는 신이나 영웅의 모습을 닮은 모습으로 석가모니 조각상을 만들기 시작한 거야. 이런 독특한 불교 미술을 간다라 미술이라고 해.

중계 무역으로 번영을 누리며 불교를 발전시켰던 쿠샨 왕조는 사산 왕조 페르시아의 공격을 당해 무너졌어. 이후 인도는 다시 여러 나라로 분열되었다가, 320년경 찬드라굽타 1세가 인도 북부를 통일하고 굽타 왕조를 세웠지.

 굽타 왕조라는 새로운 왕조가 등장한 건가요?

그래, 굽타 왕조는 오늘날 인도에 큰 영향을 미친 나라야. 갠지스강 일대를 차지한 찬드라굽타 1세에 이어, 그의 손자인 찬드라굽타 2세는 활발한 정복 사업을 벌여 인도 중부까지 영토를 넓히고 사산 왕조 페르시아, 로마 제국 등과 교역하면서 전성기를 이루었단다. 또 이 시기에 힌두교가 형성되었어.

힌두교는 어떤 종교예요?

　힌두교는 창시자가 따로 없어. 인도인이 고대부터 믿어 왔던 전통 종교인 브라만교에 불교와 민간 신앙이 융합된 종교거든. 힌두교는 브라만교의 복잡한 제사 의식과 제물을 간소화하고, 불교의 석가모니부터 수많은 토속신까지 힌두교의 신으로 받아들였어. 또 불교보다 가르침이 쉬워서 많은 인도 사람들이 힌두교를 믿었단다.

힌두교의 신으로 꾸민 사원의 탑

힌두교는 브라만교를 바탕으로 탄생했네요. 그런데 굽타 왕조 때 힌두교가 발전한 이유가 있나요?

굽타 왕조는 힌두 사원에 많은 땅과 재산을 주면서 힌두교를 적극 후원했어. 왕은 힌두교 신 중 하나인 비슈누의 화신이라고 주장하며 왕권을 신성화하고 권위를 높이고자 했지. 많은 인도인이 힌두교를 믿자, 제사를 주관하는 브라만 계급의 지위와 영향력이 높아져 카스트제가 정착되었어. 인도인을 네 계급으로 나누고 세습되는 카스트제로 직업과 신분에 대한 차별이 인도 사회에 뿌리내렸지. 카스트제에 따른 의무와 규범을 자세히 규정한 『마누 법전』도 이 시기에 편찬되어 결혼, 직업, 식사 등 인도인의 일상생활과 의식에 큰 영향을 미쳤단다.

바슈누 비슈누는 브라흐마, 시바와 함께 힌두교의 대표 신으로, 우주와 세상의 질서를 유지하는 역할을 해.

굽타 왕조 시대는 인도 문화의 황금기이기도 해. 찬드라굽타 2세 때 정치가 안정되고 경제가 부유해지면서 문학, 예술, 자연 과학, 수학 분야에서 눈부신 성과를 거두었어. 이 시기에 입에서 입으로만 전해지던 신화와 전설을 정리한 「마하바라타」와 「라마야나」 같은 서사시가 산스크리트어로 정리되었어.

「마하바라타」의 한 장면을 표현한 부조

「라마야나」의 한 장면을 표현한 그림

 산스크리트어가 뭐예요?

　산스크리트어는 인도의 고대 언어야. 힌두교, 불교, 자이나교의 경전이 산스크리트어로 기록되어 있어서 종교, 문학, 역사를 연구하는 사람들은 지금도 이 언어를 공부해. 우리나라나 중국에서는 산스크리트어를 '범어'라고 부르기도 하지.

 우리나라에도 산스크리트어가 알려진 거예요?

　그렇지. 불교를 받아들이면서 산스크리트어로 쓰인 경전이 우리나라에 전해졌어.

　굽타 왕조의 문화는 주변 나라에 많은 영향을 줄 만큼 뛰어났는데, 특히 수학과 천문학은 세계 최고 수준이었어. 원주율의 근사치를 구하고 지구 둘레를 계산했으며, 지구가 둥글고 태양 주위를 돈다는 사실도 밝혀냈지.

굽타 왕조 시대에 건축과 미술도 발달했는지 궁금하다.

  물론이지. 불교와 힌두교 사원이 많이 건축되었어. 그중 아잔타 석굴과 엘로라 석굴 사원이 대표적이야. 특히 불교 석굴인 아잔타 석굴의 벽화는 인도 예술의 걸작으로 손꼽히지. 굽타 왕조 시대의 미술은 화려한 후광, 얇고 부드러운 옷의 주름, 섬세하게 표현한 몸의 윤곽선 등이 특징이야.

굽타 왕조 때는
힌두교가 성행했다면서
왜 불교 사원을 지었죠?

굽타 왕조의 왕들이 다른 종교에도
너그러웠고, 그중에는 불교를 믿는 왕도 있어서
불교 사원을 지은 거야.

아잔타 석굴은
절벽에 굴을 뚫어 만든
동굴 사원이래.

아잔타 석굴

아잔타 석굴의 벽화

엘로라 석굴 사원

엘로라 석굴에는
불교, 힌두교 등
다양한 종교의 석굴이
100개 이상 있대.

하지만 이렇게 번영했던 굽타 왕조도 왕위 계승을 둘러싼 내분과 유목 민족의 침입으로 점점 약해지면서 결국 멸망하고 말았단다. 그 후 인도는 여러 왕국으로 분열되었다가 8세기에 이슬람 세력이 등장하면서 새로운 국면을 맞게 돼.

세계사 핵심만 쏙쏙!

▶ 쿠산 왕조와 굽타 왕조의 종교 문화

① 1세기경 쿠산 왕조가 들어서고 불교가 발달함.

좋은 신을 알리러 왔습니다.

② 인도의 간다라 지방에서는 헬레니즘의 영향으로 간다라 미술이 발달함.

정말 멋지지 않습니까? 이 곱슬머리, 우뚝한 코, 아름다운 옷차림…….

③ 320년경 굽타 왕조가 들어서고, 힌두교가 성행함.

힌두교 신들을 소개하겠소. 이 신들 중에 여러분 마음에 드는 신이 하나쯤은 있겠지!

④ 오늘날 인도 국민의 약 80퍼센트가 힌두교를 믿음.

힌두교가 내 맘 속에 들어왔어!

왠지 친숙한 느낌이야!

세계사 질문 12

외국 문물을 받아들여
고대 일본의 발전을 이룬 사람은?

기원전 3세기경 중국의 한이 한창 번성기를 누리고 있을 때,
일본은 벼농사가 이루어지고 청동기와 철기를 사용하기 시작했지.
4세기 전후에 야마토 정권이 등장해 일본의 첫 통일 국가를 이루었단다.
6세기 말, 야마토 정권은 우리나라와 중국의 제도와 문화를 받아들이며
크게 성장했어. '아스카 시대'라고도 부르는 이 시대의 발전을
이끈 사람은 누구일까?

와아~, 여기가 일본이냐?

그렇지! 이번 세계사 수업에서는 일본에 대해 배울 거야.

가까운 나라이니까 한국이랑 친했겠다!

꼭 그렇지는 않아.

글쎄~.

어, 뭐냐? 싸웠냐?

옛날에는 자원이 부족해서 가까운 이민족과 싸우는 일이 잦았어. 우리나라도 가까운 중국과 일본이랑 전쟁을 벌인 적이 많단다.

싸우자!

싸울래?

싸워!

어허, 서로 사이좋게 지내야지.

늘 싸움만 한 건 아니야. 서로 교류하기도 했지.

진짜요?

그럼. 기원전 3세기경에 중국과 한반도의 선진 기술이 일본에 전해져서 벼농사를 짓고 청동기와 철기를 사용하는 야요이 시대가 시작되었지.

나도 줄래!

에잇, 이거 가져!

4세기 전후에 야마토 정권이 등장해서 세력을 넓혔지.

야마토 정권

이 정도면 거의 일본을 통일한 거네요.

6세기 말 정치가 쇼토쿠 태자는 중국과 한반도에서 유교와 불교 등 선진 문물을 받아들였어.

이 절을 거의 1,400여 년 전에 지었다고요?!

그래, 호류사라는 절이야. 607년에 쇼토쿠 태자가 세웠지.

일본 사람들도 불교를 믿어요?

일본 불교는 우리나라 삼국 시대와 관련이 있단다.

설마 삼국 시대에도 우리나라와 싸운 건 아니죠?

우린 싸우지 말고 사이좋게 지내자.

와

락

앗, 깜짝이야!

선진 문화를 받아들여 아스카 시대를 이끈 쇼토쿠 태자

섬나라인 일본은 다른 나라들보다 더디게 발전했어. 그러다 기원전 3세기경, 중국과 한반도의 선진 문물이 일본에 전해졌지.

 선진 문물이 어떻게 일본에 전해졌어요?

중국과 한반도에서 일본으로 이주한 사람들이 새로운 기술을 전하면서 일본에서도 벼농사를 짓고 청동기와 철기를 사용하는 야요이 시대가 시작되었어.

기원전 1세기부터 3세기까지 일본 열도에는 300개쯤 되는 작은 부족 국가들이 있었는데, 4세기 무렵 이 부족들을 통합한 첫 통일 왕조 야마토 정권이 등장했지. 이 통일 왕조는 5세기에 세습제를 확립하고 국호를 야마토로 정했단다. 우리나라와 중국에서는 이 나라를 '왜국'이라고 불렀어.

야마토 정권은 중국과 한반도에서 적극적으로 선진 문물을 받아들이고자 했어. 특히 백제 사람들이 큰 역할을 했어. 4세기경에는 아직기와 왕인이, 6세기경에는 오경박사가 일본으로 건너가 유교와 불교 등 선진 문화와 학문을 전했단다.

아직기는 사신으로 일본에 갔다가 일본 태자의 스승이 되었고, 아직기의 추천으로 일본에 간 왕인 역시 일본 왕실의 스승이 되었지. 이들이 백제 문화를 전파하며 당시 일본 문화의 발전에 큰 역할을 했단다.

 오경박사는 누구인지 궁금하다.

오경박사는 백제에서 유학 경서인 『역경』, 『시경』, 『서경』, 『예기』, 『춘추』에 능통한 학자에게 주던 칭호야. 일본의 가나 문자는 한자를 바탕으로 만들어졌는데, 일본에 한자를 처음 알려 준 이들이 바로 백제의 학자들이었지.

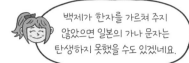

백제가 한자를 가르쳐 주지 않았으면 일본의 가나 문자는 탄생하지 못했을 수도 있겠네요.

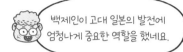

백제인이 고대 일본의 발전에 엄청나게 중요한 역할을 했네요.

글자뿐만이 아니야. 백제는 의학, 역학, 천문, 지리, 점술 등 많은 지식과 문화를 일본에 전해 주었어. 불상 제작 기술, 철 생산 기술, 탑 건축 기술, 기와 굽는 기술까지 전수했지. 고구려와 신라에서도 많은 학자와 예술가 그리고 승려까지 일본으로 건너가 선진 문화를 전해 주었단다.

 삼국의 선진 문물을 받아들여 일본은 어떻게 발전했나요?

6세기 말 왕을 대신하여 나라를 다스리던 쇼토쿠 태자는 왕권을 강화할 필요성을 느끼고 고구려, 백제, 중국 수의 제도와 문화를 적극적으로 받아들였어. 행정 조직을 가다듬고 법도 새로 만들었지. 또 고구려와 백제에서 건너온 학식 높은 승려들을 스승으로

쇼토쿠 태자의 초상화 백제 위덕왕의 아들인 아좌 태자가 그렸다고 전해지는 초상화야. 아좌 태자는 597년에 일본으로 건너가 쇼토쿠 태자의 스승이 되었고, 삼국 시대의 회화 미술을 일본에 전해 주는 데 크게 공헌했어.

삼고 불교 신자가 되었단다.

이 시기에 세워진 호류사에는 많은 불상, 공예품, 벽화가 있는데 그 중 가장 유명한 것이 「백제관음상」 불상과 금당에 그려진 「사불정토도」 벽화야. 이 벽화는 고구려의 승려이자 화가였던 담징이 그린 것으로 알려져 있어. 담징은 벽화를 그렸을 분만 아니라 일본에 불교를 전하고 종이와 먹, 그리고 곡식을 찧거나 빻는 연자방아를 만드는 법을 전수했다고 해.

일본의 아스카 지방을 중심으로 발전한 고대 불교문화를 아스카 문화라고 부르지.

호류사 금당에 그려진 벽화, 「사불정토도」
고구려 승려이자 화가인 담징이 그렸다고 전해지는 벽화야.
1948년에 불탄 그림을 복원했어.

호류사에서 백제의 향기가 느껴지니?

나도 호류사에 벽화 한 점 그려 놓고 갈까?

호류사의 금당과 5층 목탑 호류사는 아스카 문화의 특징을
대표하는 절로, 백제의 건축 양식과 비슷한 점이 많아서
백제와 밀접한 교류가 있었음을 엿볼 수 있어.

쇼토쿠 태자는 왜 불교를 받아들였는지 궁금하다.

쇼토쿠 태자가 불교를 받아들인 데에는 정치적인 이유도 있었어. 앞선 문화인 불교를 먼저 들여와 정치적 우위를 선점하고 권력을 차지하고자 했어. 불교는 왕족을 부처의 일족으로 여기며 신성시하는 경향이 강했기 때문에 백성들의 복종을 이끌어 낼 수 있었지.

또 한자와 유교 경전을 받아들여 문화적 역량을 발전시켰고 누에를 기르는 양잠 기술과 농사 기술을 전수받아 경제적으로 성장할 수 있었어. 이를 바탕으로 쇼토쿠 태자는 중앙 집권 체제를 강화하고 백성들의 마음을 얻었어. 이렇게 삼국의 선진 문물을 적극적으로 받아들인 쇼토쿠 태자는 일본 문화와 정치 체계의 기초를 세웠다고 평가받고 있어.

7세기에 야마토 정권은 고구려, 신라, 백제뿐만 아니라 중국의 수,

견당사 야마토 정권은 당에 사신을 파견하고 당의 문화와 제도를 적극 받아들였지.

당에 견수사와 견당사를 파견하여 적극적으로 선진 문화를 받아들였어. 수와 당에서 유학하고 돌아온 유학생들과 나카노오에 왕자는 함께 645년에 당의 율령 체계를 모방한 대규모 정치 개혁을 추진하여 국왕 중심의 중앙 집권 체제를 정비했어. 이 개혁을 다이카 개신이라고 해. 일본 최초로 '다이카'라는 연호를 사용하고 '일본'이라는 국호와 '천황'이라는 칭호도 이때부터 사용하기 시작했단다.

세계사 핵심만 쏙쏙!

▶ 야마토 정권의 성립과 발전

① 4세기경 첫 통일 국가인 야마토 정권이 등장함.

② 6세기 말, 쇼토쿠 태자가 우리나라 삼국과 중국을 통해 불교와 선진 문화를 받아들임. 아스카 지방을 중심으로 불교문화가 발달하였고, 이를 '아스카 문화'라고 함.

③ 645년, 국가 체제를 정비한 정치 개혁인 다이카 개신이 일어남.

자, 얼른 쑥쑥 발전해라.

후한 멸망 이후 370여 년간 이어진 혼란의 시대는?

220년에 후한이 멸망한 뒤
중국은 약 370년 동안 이루 말할 수
없을 만큼 혼란스러운 시기를 겪었어.
수많은 나라들이 우후죽순으로 생겼다가
사라지며 흥망을 거듭했지. 약 370년 동안
이어진 이 혼란의 시기를 뭐라고 할까?

의형제를 맺었으니,
한날한시에 태어나지 않았으나
한날한시에 죽기를 바라옵니다!

캬! 빛나는 우정, 멋진 의리!

그럼 뭐 해? 결국 조조한테 망하고 말았잖아.

버들 인간은 낭만을 모른다!

오, 너희들이 유비, 관우, 장비를 아니?

알고말고요! 『삼국지』에 나오잖아요.

돗자리 장수가 나라를 세우는 이야기!

I시간 만에 다 읽었다!

오호, 어느 시대에 일어난 일인지도 알고 있냐?

엥? 『삼국지』는 소설 아니에요?

난 중국 만화인 줄 알았다.

소설이기도 하지. 원래 『삼국지』라는 역사책이 있었는데, 그 역사책을 바탕으로 나관중이 『삼국지연의』라는 소설책을 썼어. 그 소설이 너무 유명해져서 『삼국지』라고 하면 대부분 소설을 가리키지.

그럼 관우가 실제 사람이에요?

제갈량도요?

난 조자룡이 좋다!

물론이야. 모두 실제 있었던 인물들이지.

위
촉
오

우아, 『삼국지』의 배경이 된 시대가 궁금해요! 알려 주세요.

어휴, 그런데 이 시대가 만만치 않아요. 후한 이후에 워낙 많은 나라들이 생겼다 없어졌거든. 그것도 거의 370년 가까이 말이야.

정말요?

하지만 걱정 마라. 이 삼촌이 알기 쉽게 쏙쏙 알려 주마!

역시 삼촌
최고입니다!!

뭐야, 도원결의가 아니고 거실결의냐?

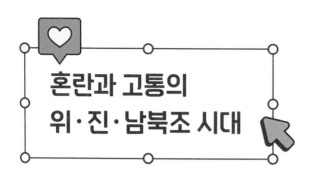

혼란과 고통의
위·진·남북조 시대

220년에 위가 후한을 멸망시킨 후, 중국은 약 370여 년간 극심한 혼란기를 겪게 돼.

위라고요?

위나라의 위!

370년 넘게 혼란기였다니, 정말 힘들었겠어요.

북방에서 내려온 유목 민족과 한족이 나라를 세우고 세력을 다툰 혼란스러운 시대를 통틀어 위·진·남북조 시대라고 해. 삼국 시대, 5호 16국 시대, 남북조 시대를 하나로 묶어 이르는 말이야.

후한이 멸망한 뒤 중국은 조비의 위, 유비의 촉, 손권의 오로 분열되었어. 이른바 삼국 시대였지. 삼국은 서로 대립하면서 영토 개척에 힘쓰다가 사마염이 세운 진에 의해 다시 통일되었어. 하지만 진의 통일은 그리 오래가지 못했어. 진은 건국된 지 몇십 년 만에 황실의 내분으로 흔들렸고, 이 틈을 타 흉노를 비롯한 유목 민족이 화북 일대에 여러 나라를 세우고 세력을 다투었어. 이때를 5호 16국 시대라고 하지.

촉을 세운 유비

진을 세운 사마염

 5호 16국이 뭐예요?

　북방 지역에서 살던 다섯 이민족인 흉노족, 선비족, 저족, 갈족, 강족을 일컬어 5호라고 해. 이 다섯 이민족이 화북 지역에 16개의 나라를 세웠기 때문에 5호 16국이라고 하는 거야.

이 나라들이 세력을 다투자 진은 강남으로 이주하여 동진을 세웠어. 그 후 선비족의 북위가 439년에 화북 지역을 통일하고 강남에는 동진의 뒤를 이어 한족의 나라들이 들어섰어. 유목 민족이 세운 북쪽의 나라들을 북조, 한족이 세운 남쪽 나라들을 남조라고 부르지. 북조와 남조는 서로 대립했어. 북조의 북위와 남조의 송이 대립하기 시작한 이후 약 150년 동안을 남북조 시대라고 해.

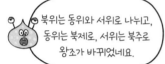 북위는 동위와 서위로 나뉘고, 동위는 북제로, 서위는 북주로 왕조가 바뀌었네요.

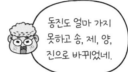 동진도 얼마 가지 못하고 송, 제, 양, 진으로 바뀌었네.

 어휴, 복잡해라. 정말 정신없는 시대였네요.

 위 · 진 · 남북조 시대가 끝나긴 했나요?

581년에 수를 세운 선비족 계통의 양견이 589년에 남조의 진을 무너뜨리고 중국을 다시 통일했지. 이로써 370여 년간 이어진 위 · 진 · 남북조 시대가 끝났어.

 위 · 진 · 남북조 시대의 사회는 어땠는지 궁금하다.

남조와 북조는 각기 다른 문화를 발전시켰어. 북조에서는 유목민의 소박하고 강건한 기풍에 한족의 문화를 적극적으로 받아들였지. 남조

삼국 시대

아버지 조조 덕분에 위의 왕이 되어 후한을 무너뜨렸지. 조비 **위**

후한 황실의 종친으로서 백성을 위하는 나라를 세우겠다. 유비 **촉**

누구나 천하를 다투는데, 내가 빠질 수 없지! 손권 **오**

위의 신하였지만 권력을 잡고 진을 세웠지! 사마염 **진**

5호 16국 시대

중국이 혼란한 틈을 타서 우리도 나라를 세우겠다!

흉노족 선비족 저족 갈족 강족

5호 16국

서진

지금은 힘이 약하니, 일단 남쪽으로 내려가자.

동진

남북조 시대

북조

이겼다! 선비족 이제 북쪽은 우리 거다!

남조

무슨 나라가 이렇게 자주 바뀌나!

송 제 양 진

세 번째 통일 왕조 수

370여 년의 혼란을 끝낸 것은 바로 나, 양견이다. 수

어때, 머릿속에 쏙쏙 들어오지?

이렇게 보니까 좀 알 것 같아요!

삼촌이 최고예요!

에서는 우아한 귀족 문화가 발달했고 세속을 떠나 자유로운 정신세계를 추구하는 청담 사상이 유행했어. 이 시기에 힘차고 기품 높은 글씨로 중국 최고의 서예가로 손꼽히는 왕희지와 「도화원기」와 「귀거래사」 등의 작품을 남긴 시인 도연명이 활동했지.

왕희지의 서예 작품

전쟁이 끝이지 않자 백성들은 종교에서 안식을 찾으려고 했어. 불교는 남조와 북조에서 모두 유행했어. 이 시기에 불경이 한문으로 번역되었고 북조에서는 윈강, 룽먼 등지에 대규모 석굴 사원이 만들어졌어. 특히 윈강 석굴에는 약 14미터에 달하는 불상이 있는데, 북위 황제의 모습을 본떠 만들었다고 해. '황제는 곧 부처'라는 사상을 통해 황제의 권위를 높이려고 한 거야. 한편, 불교와 함께 도교도 유행했지.

원강 석굴의 불상

거대한 크기에서 불교의 힘이, 아니 황제의 힘이 느껴진다.

어때? 불상이 어마어마하지?

바위를 어떻게 깎았을까?

그만큼 부처의 힘에 기대고 싶었던 거겠지?

둔황 석굴   룽먼 석굴의 불상

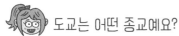 도교는 어떤 종교예요?

　도교는 노자와 장자의 사상에 신선 사상과 민간 신앙이 결합된 종교야. 도교는 자연 그대로를 추구하며 욕심을 버리고 맑은 마음으로 사는 것을 이상으로 삼았지. 한때는 유교가 천하를 다스리는 통치 이념으로 쓰였지만, 세상이 어지럽자 유교보다 도교가 더 유행하게 되었어. 혼란스러운 시대에 도교의 가르침은 사람들에게 큰 위로와 새로운 삶의 방향을 제시했단다.

도교를 따른 죽림칠현 대나무 숲에 모여 청담으로 세월을 보낸 일곱 선비들을 가리키는 죽림칠현은 도교를 가까이한 선비들의 대표적인 모습이야.

　어지럽고 힘든 세상에 영웅이 나오는 법! 혼란한 시기일수록 인재가 필요했을 것 같다.

　맞아. 그래서 위·진·남북조 시대에는 추천으로 관리를 선발하는 9품중정제가 실시되었지. 지역 사회의 평판과 덕망, 재능 등을 고려해 인재를 9등급으로 평가하여 추천하는 제도였지.

하지만 추천으로 관리를 등용하다 보니 지방에서 권력을 잡고 있던 호족들에게 유리했어. 결국 특정 가문의 사람들만 중앙 관직을 독점하게 되면서 문벌 귀족 사회가 형성되었단다.

세계사 핵심만 쏙쏙!

▶ **위·진·남북조 시대의 전개와 문화**

① 후한 멸망 후 약 370년 동안 수많은 나라가 흥망을 거듭함.

② 남북조 시대에 남조와 북조는 대립하는 관계였음.

③ 혼란이 계속되자, 불교와 도교가 크게 유행함.

④ 북조에서는 한족의 문화에 유목민의 강건하고 소박한 기풍이 더해졌고,
   남조에서는 우아한 귀족 문화가 발달함.

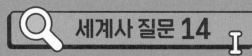

대운하를 건설하고
얼마 되지 않아 멸망한 나라는?

589년에 남조를 무너뜨리고 중국을 통일한 문제(양견)는
백성들의 세금을 줄여 주고 과거제를 실시하는 등
나라를 안정시키기 위해 애썼지. 하지만 문제의 뒤를 이어
황제가 된 양제는 대운하를 건설하고 무리한 전쟁을 벌였어.
결국 반란이 일어나 618년에 무너지고 만 이 나라는 어디일까?

기초가 약하면 오래 못 가!
수가 무너진 것처럼 말이야.

수요?

지난 시간에 위·진·남북조 시대 이후, 다시
중국을 통일한 게 수라고 한 것 기억 나니?

갈라진 중국을
하나로 통일했지.

그런데요?

어서
말해 달라!

문제의 아들인 양제 때 망해 버렸어!

으하하,
내 마음대로
하겠다!

애써서
건국했는데!

그렇게 빨리요?

황제가 겨우
2명뿐이었다는
얘기예요?

통일하자마자 멸망?

우리는 망하지 말자!
그런 의미에서
간식 먹고 하자!

송

야, 너희들 간식 먹을
시간이 어디 있어?

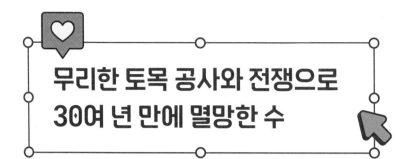

무리한 토목 공사와 전쟁으로 30여 년 만에 멸망한 수

춘추 전국 시대 이후 중국을 통일한 진시황제처럼 위·진·남북조 시대 이후 중국을 통일하고 수를 세운 문제(양견)는 나라를 안정시키기 위해 많은 노력을 기울였어. 토지 제도와 군사 제도를 정비하고 백성들의 세금을 줄여 주며 국가의 기반을 다졌지.

특히 문제는 관리를 뽑는 방법을 새롭게 바꾸었어. 위·진·남북조 시대에는 지방 귀족들의 추천을 받아 관리를 뽑는 9품중정제를 실시했다고 했지? 지방 귀족들은 이 제도를 이용해 관직을 독점했지. 문제는 그런 폐해를 바로잡으려고 과거제를 실시했어. 유교 경전에 대한 시험을 통해 관리를 뽑은 거야.

 과거제를 실시하면 어떤 점이 좋아요?

시험을 보려면 공부를 해야 하지? 과거제를 실시하자 과거 시험에 합격하기 위해 공부하는 사람들이 늘어났고, 그 결과 유능한 사람들이 관리가 되어 나라가 발전했단다. 특히 문제는 뇌물을 받는 사람이나 탐관오리들을 엄히 다스렸어. 그 덕분에 수는 빠르게 안정되었고 경제적으로도 매우 탄탄해졌지.

문제에 이어 황제가 된 양제는 만
리장성을 다시 고쳐 쌓고 남북을 잇
는 대운하를 건설했어.

하지만 이런 대규모 토목 공사를
할 때마다 백성들을 강제로 동원했
기 때문에 백성들의 반발이 심했지.

수 문제 중국 수의 제1대 황제로
중국을 통일하고 중앙 집권제를 확립했어.

수 양제 중국 수의 제2대 황제야.

헉! 양제는 백성을
돌보는 황제가
아니었군요.

양제는 성격이
포악하고 탐욕스러웠대.

중국 역사에서 최고의
폭군으로 꼽힌다고 하네요.

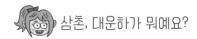 삼촌, 대운하가 뭐예요?

대운하는 배가 다닐 수 있도록 육지에 파 놓은 큰 물길이야. 양제는 북쪽의 황허강과 남쪽의 양쯔강을 연결하는 대운하를 만들면 남쪽의 풍부한 물자가 화북 지역으로 원활하게 이동할 수 있을 거라고 생각했어.

 대운하가 건설되고 실제로 남북이 이어졌는지 궁금하다.

실제로 남북이 수로로 연결되었지. 중국은 땅이 너무 넓어서 육로로 이동하려면 강도 건너고 산도 넘어야 했지. 하지만 대운하가 건설되면서 물길을 따라 사람과 물자가 쉽게 오갈 수 있게 되었단다.

중국의 대운하 중국의 큰 강은 서에서 동으로 흐르기 때문에 남쪽의 물자를 북쪽의 화북 지역으로 운반하기 힘들었는데 남북을 잇는 대운하 건설 이후 편리해졌지.

만리장성과 함께 중국의 2대 토목 공사로 꼽히는 대운하는 수의 중앙 집권화에 크게 이바지하였고, 중국의 남북을 잇는 경제 동맥으로 경제 발전에 큰 역할을 했지. 오늘날까지도 여전히 중요하게 이용되고 있어.

 그런데 왜 양제는 폭군으로 알려졌나요?

양제는 대운하 공사를 빨리 끝내려고 수많은 백성들을 강제로 동원했어. 그 과정에서 목숨을 잃거나 다치는 사람이 많았지. 게다가 양제는 고구려가 조공을 바치지 않는다는 핑계를 대고, 612년에 무려 113만 명의 대군을 이끌고 고구려를 침략했어.

좋구나!

살수 대첩이라고 들어 봤니? 살수는 평안북도와 평안남도를 가로질러 흐르는 청천강의 옛 이름이고, 대첩은 크게 이겼다는 뜻이야. 그러니까 살수 대첩은 '살수에서 크게 이겼다'는 뜻이지.

3차에 걸친 고구려 원정에 실패한 이후, 수의 국력은 크게 약해졌고 수 백성들의 원성은 날이 갈수록 높아졌어.

이런 혼란 속에서 선비족 계통의 이연(고조)이 동돌궐의 지원을 받아 반란을 일으켜 618년에 당을 세웠단다. 이렇게 수는 건국된 지 30여 년 만에 역사의 뒤안길로 사라지고 말았어.

세계사 핵심만 쏙쏙!

▶ 수의 건국과 몰락

① 문제가 수를 건국하고 589년에 중국을 통일함.
② 문제는 세금을 줄이고 과거제를 실시해 나라를 일으킴.
③ 양제는 남과 북을 잇는 대운하를 건설해 경제를 발전시킴.
④ 양제가 고구려에 쳐들어갔으나 살수 대첩에서 크게 패함.
⑤ 이연이 수를 무너뜨리고 618년에 당을 건국함.

세계사 질문 15

튀르키예계 유목 민족이 몽골고원에 세운 대제국은?

중국 남북조 시대이자 인도의 굽타 왕조가 무너졌을 무렵인
6세기 중엽, 중앙아시아 몽골고원에서 한 유목 민족이
나라를 세웠지. 중국의 남북조 국가들을 휘두르고
비잔티움 제국, 사산 왕조 페르시아와 손잡거나 맞서면서
유라시아에 걸친 대제국을 건설한 이 나라는?

어이쿠!

말이다! 예뻐!

늑대다! 멋있다!

쩝, 맛있겠다.

멋있다!

동물원에 오니, 졸립네.

삼촌! 저기 늑대가 있어요. 로마의 건국 신화에 늑대가 나왔죠?

그걸 기억하다니, 버들이가 세계사 박사구나!

늑대가 주인공인 유일한 건국 신화이니까요.

아니야. 늑대가 나오는 이야기가 또 있어.

정말요?

한번 들어 볼래?

개봉 박두!

옛날, 돌궐 마을에 외적이 쳐들어와 사람들을 죽였어.

모두 죽여라!

다 죽고 사내아이 하나만 살아남았지.

엄마아!

지나가던 암늑대가 아이를 정성껏 키워 주었어.

아가야, 울지 마.

청년이 된 사내아이는 암늑대의 짝이 되었지.

우리 평생 같이 살자!

좋아!

외적들이 이 사실을 알고 청년과 암늑대를 죽이러 왔어.

죽여라!

어서 도망쳐!

여보!

청년은 죽었지만 암늑대는 도망쳐서 아들을 10명 낳았어.

막내

그중 막내 아사나가 가장 지혜롭고 용맹해서 돌궐의 왕이 되었단다.

나를 따르라!

아사나 만세!

늑대와 결혼을 했다고요?

우리나라에서도 곰이 처녀로 변해 환웅과 결혼해 단군왕검을 낳았는걸. 신화에서 주인공이 맹수의 후손인 경우는 흔한 편이야.

으뜸이도 늑대랑 결혼할래?

난 사람이 좋다고!

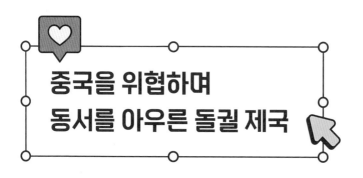

중국을 위협하며
동서를 아우른 돌궐 제국

돌궐은 오늘날의 몽골과 카자흐스탄 지역에 살았고, 프랑크 왕국, 비잔티움 제국, 사산 왕조 페르시아가 힘을 겨루던 6세기 중엽에 돌궐 제국을 세웠어.

 돌궐은 유목 민족이었나요?

맞아, 돌궐은 원래 몽골고원과 알타이산맥을 중심으로 유목 생활을 하던 민족으로 철기를 사용했어. 초기에는 세력이 약해 다른 민족의 지배를 받았지. 이후 투멘이 점차 힘을 키워 돌궐 제국을 세웠고, 결국 돌궐 제국은 몽골고원의 지배자가 되었어.

 돌궐 신화에서는 아사나가 왕이 되었다고 했는데, 투멘은 누구예요?

아사나는 돌궐 부족의 이름이자, 부족의 첫 번째 지도자를 뜻해. 아사나족 출신인 투멘은 스스로를 '일릭 카간'이라고 칭했어. 튀르키예 어로 '나라를 세운 왕'이라는 뜻이야.

기마 문화를 보여 주는 돌궐 장식물 유목 민족인 돌궐은 강력한 기마병을 앞세워 주변을 정복하며 세력을 키웠어.

 돌궐과 튀르키예가 어떤 관련이 있는지 궁금하다.

역시 눈치가 빠르군. 오늘날 튀르키예 사람들은 돌궐 제국을 조상의 나라이자 자신들의 뿌리라고 생각해. 돌궐은 원래 스스로를 '괵튀르크'라고 불렀어. '하늘에 속한 신성한 튀르크'라는 뜻이지. 중국 사람들이 '튀르크'를 소리 나는 대로 '突厥'이라고 표기했고, 이 한자를 우리나라 말로 읽어서 '돌궐'이 된 거야.

돌궐 제국은 건국된 지 10여 년 만에 넓은 영토를 차지하고 강력한 나라로 성장했단다. 서쪽으로는 카스피해, 동쪽으로는 흥안령산맥까지 이르렀어. 훗날 몽골 제국이 나타나기 전까지 가장 넓은 영토를 차지한 유목 민족 국가였어. 돌궐 제국은 중국의 남북조 나라들을 마음대로 휘어잡고 비잔티움 제국이나 사산 왕조 페르시아와 협력하거나 싸우면서 성장했단다. 특히 비단길의 중요한 지점을 차지해 동양과 서양을 잇는 교역으로 번영했지.

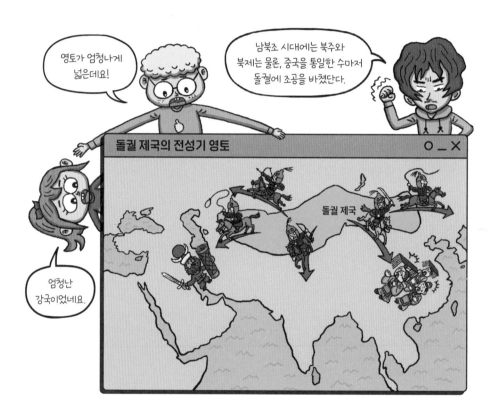

하지만 돌궐 제국 역시 카간 자리를 놓고 내분이 일어나 동돌궐과 서돌궐로 나뉘었고, 결국 당의 속국이 되고 말았지. 하지만 돌궐은 그대로 사라지지 않았어.

돌궐이 다시 나라를 일으켰나요?

그렇단다. 돌궐은 7세기 말에 다시 나라를 일으켰어. 이 나라를 첫 번째 돌궐 제국과 구분하여 제2돌궐 제국이라고 부르지. 제2돌궐 제국은 당은 물론이고 발해와 맞설 정도로 세력을 키웠어. 또 고유 문자를 만들어 사용하는 등 문화 민족으로 거듭났지. 유목 민족 중 고유 문자를 만들어 쓴 건 돌궐이 최초야.

오늘날 몽골의 수도인 울란바토르 북동쪽의 드넓은 고원 지대에 제

비문을 살펴보면 제2돌궐 제국의 1대 카간이 죽자 여러 나라에서 조문 사절을 보냈는데, 그중에는 고구려 사신도 있었다는 내용이 나와.

돌궐 제국과 고구려 사이에 이런 인연이 있었다니, 신기해요.

돌궐 문자가 새겨진 비문 돌궐 제국의 왕족인 퀼 테긴의 업적과 돌궐 제국의 건국 신화와 역사 등이 한자와 돌궐 문자로 새겨져 있단다.

퀼 테긴의 조각상

2돌궐 제국의 유명한 장군 톤유쿠크의 업적을 기록한 비문이 남아 있지. 톤유쿠크 장군은 "성을 쌓고 사는 자는 망하고, 길을 만들어 끊임없이 이동하는 자는 살아남는다."라는 명언을 남겼어.

이렇게 제2돌궐 제국은 문화 민족으로 성장했지만 8세기 중엽에 위구르에게 무너지고 말았지. 그 후 돌궐 사람들은 사방으로 흩어졌는데, 그중 일부가 중앙아시아에서 세력을 키워 훗날 셀주크 튀르크와 오스만 제국을 세웠어. 이 나라들이 오늘날 튀르키예의 뿌리가 되었단다.

톤유쿠크의 업적을 기록한 비석과 비문

▶ 돌궐 제국의 탄생과 몰락

① 돌궐이 6세기 중엽에 돌궐 제국을 세움.

북방의 강국이다!

돌궐 제국

② 돌궐 제국은 크게 번성했으나, 당에 의해 멸망함.

③ 7세기 말에 제2돌궐 제국을 세움.

제2

오뚝이처럼 다시 일어났지!

돌궐 제국

④ 제2돌궐 제국은 고유의 돌궐 문자를 사용함.

⑤ 제2돌궐 제국이 8세기 중엽 위구르에게 무너짐.

위구르

⑥ 돌궐은 오늘날 튀르키예의 뿌리가 됨.

내가 너희 선조란다!

외계인과 버들이가 『하루 15분 질문하는 세계사』를 읽고 있는데, 휘파람을 불며 들어오던 으뜸이가 물었습니다.

"뭐 하는 거야?"

외계인이 휙 돌아보았습니다.

"1권을 배울 때 갑자기 중간시험을 봐서 내가 엄청나게 당황하지 않았느냐. 그에 대한 대비책을 세우고 있다."

버들이가 수첩에 문제를 또박또박 적으며 대답했습니다.

"미리 예상 문제를 만들어 보자. 지난 중간시험은 쉽게 통과했지만 이번에는 어렵게 나올지도 몰라."

으뜸이가 감탄했어요.

"이야, 이렇게 야무질 수가! 나도 도와줄게!"

셋은 머리를 맞대고 예상 문제를 만들었습니다. 이 모습을 누가 보기라도 한 걸까요? '땡!' 하는 소리와 함께 태블릿 PC에 메시지가 도착했습니다.

아이들은 서둘러 태블릿 PC를 보았습니다.

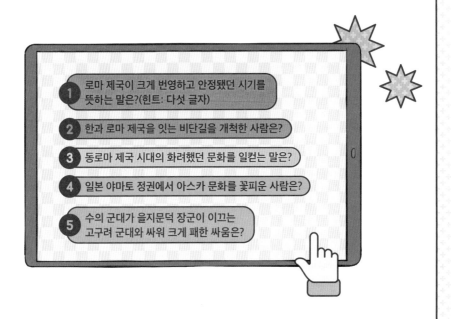

1 로마 제국이 크게 번영하고 안정됐던 시기를 뜻하는 말은?(힌트: 다섯 글자)

2 한과 로마 제국을 잇는 비단길을 개척한 사람은?

3 동로마 제국 시대의 화려했던 문화를 일컫는 말은?

4 일본 야마토 정권에서 아스카 문화를 꽃피운 사람은?

5 수의 군대가 을지문덕 장군이 이끄는 고구려 군대와 싸워 크게 패한 싸움은?

문제를 읽고 나니 삼촌이 짠 하고 나타났습니다.

"하하, 놀랐지? 이번 중간시험은 스피드 3분 쪽지 시험이란다."

으뜸이가 투덜댔습니다.

"시간이 너무 짧아요."

"열심히 공부했다면 3분이 아니라 1분 안에 다 맞힐 수 있어. 아, 이 기회에 외계인만 시험 볼 게 아니라 너희도 같이 하자."

삼촌의 말에 으뜸이와 버들이가 꽁꽁 얼어붙었습니다.

"아니, 삼촌! 이런 법이 어딨어요? 갑자기 시험이라니요!"

삼촌은 멋지게 윙크를 날리며 사랑의 총알을 쏘았습니다.

"삼촌은 너희를 믿는다. 알지?"

외계인이 팔을 팔랑팔랑 흔들었습니다.

"다행히 시험 문제 중 네 개가 우리가 낸 예상 문제다. 하나만 더 맞히면 되니까 너무 떨지 마라."

"알고 있어. 그런데 그 한 문제가 알쏭달쏭하단 말이야."

으뜸이가 영 자신 없는 표정으로 머리를 긁적였습니다.

삼촌이 타이머를 누르고 시험이 시작되었습니다. 버들이와 외계인은 1분도 지나지 않아 초스피드로 정답을 적어 냈습니다. 으뜸이는 울상을 지었습니다. 3번 정답이 도무지 생각나지 않았기 때문입니다. 으뜸이는 온몸을 비틀며 머리를 쥐어짰고, 버들이와 외계인은 으뜸이를 응원했습니다.

"자, 30초 남았다!"

삼촌의 말에 번개가 치듯 으뜸이의 머릿속에 정답이 번쩍 떠올랐습니다. 으뜸이가 정답을 적자마자 삼촌이 타이머를 멈추고 답안지를 채점했습니다. 채점을 마친 삼촌이 환하게 웃더니 박수를 쳤습니다.

"모두 백 점이다! 우리 함께 차례대로 정답을 말해 볼까?"

아이들이 신나서 큰 소리로 정답을 외쳤습니다.

"1번 팍스 로마나, 2번 장건, 3번 비잔티움 문화, 4번 쇼토쿠 태자, 5번 살수 대첩!"

"역시 훌륭한 스승 밑에 훌륭한 제자들이 있는 법! 그동안 열심히 가르친 보람이 있구나."

삼촌이 감탄하자 버들이가 물었습니다.

"삼촌, 다음에는 어떤 걸 배워요?"

"지금까지 통일 제국의 번성과 중세의 성립에 대해 알아봤지? 이제부터는 중세 사회가 어떻게 전개되는지 본격적으로 배울 거야. 기대해도 좋아."

"와! 이번에도 재밌을 것 같다. 빨리 공부하자."

외계인이 재촉하자 삼촌이 말했습니다.

"금강산도 식후경인데, 떡볶이라도 먹고 시작하자. 삼촌이 한턱 낼게!"

"와아, 정말이에요? 삼촌 멋쟁이!"

찾아보기

사진 출처

▸28 광무제 ▸37 로물루스와 레무스에게 젖을 물리는 늑대상 ▸38 카틸리나를 비판하는 키케로 ▸42 카이사르의 죽음 ▸43 악티움 해전 ▸51 카르타고의 모습을 그린 상상화 ▸53 한니발 ▸75 시민관을 쓴 옥타비아누스 ▸76 네르바, 트라야누스, 하드리아누스, 안토니누스 피우스, 마르쿠스 아우렐리우스 ▸78 퐁 뒤 가르 수도교 ▸79 콜로세움 ▸88 목자들의 경배 ▸102 아틸라 ▸103 레오 1세와 아틸라의 만남 ▸104 오도아케르에게 왕관을 넘기는 로물루스 아우구스툴루스 ▸114 카롤루스 대제의 대관식 ▸123 유스티니아누스 황제 ▸125 성 소피아 대성당 내부 모자이크화 ▸126 성 소피아 대성당 내부의 이슬람교 장식 ▸128 비잔티움 제국의 수태고지, 르네상스 시대의 수태고지 ▸135 조로아스터교 최고신 부조 ▸137 샤푸르 1세 부조 ▸139 호스로 1세 은그릇, 호스로 1세 금 접시, 금박 꽃병, 금박 말 조각상 ▸148 카니슈카왕이 새겨진 주화 ▸153 라마야나 ▸154 아잔타 석굴 벽화 ▸162 쇼토쿠 태자의 초상화 ▸163 사불정토도 ▸164 견당사 ▸171 유비, 사마염 ▸174 왕희지 서예 작품 ▸176 죽림칠현 ▸183 수 문제, 수 양제 ▸193 돌궐 장식물 ▸195 돌궐 문자가 새겨진 비문, 퀼 테긴 조각상_Wikiedia

▸30 지동의 ▸41 율리우스 카이사르 ▸44 옥타비아누스 ▸54 알프스산맥 ▸67 비단길 ▸77 막시무스 대로 ▸93 카타콤 ▸94 콘스탄티누스 대제 ▸111 클로비스 1세 ▸115 카롤루스 대제 ▸125 성 소피아 대성당, 성 소피아 대성당의 내부 ▸149 간다라 불상 ▸151 힌두교의 신으로 꾸민 사원의 탑 ▸153 마하바라타 ▸154 아잔타 석굴, 엘로라 석굴 ▸163 호류사의 금당과 5층 목탑 ▸175 윈강 석굴의 불상, 둔황 석굴, 룽먼 석굴의 불상 ▸184 중국의 대운하 ▸196 톤유쿠크의 업적을 기록한 비문과 비석_셔터스톡

▸55 자마에서 벌어진 스키피오와 한니발의 전투 ▸140 사산 왕조 페르시아 금박 주전자_메트로폴리탄 미술관

▸140 신라 유리병 ▸152 비슈누 부조_국립중앙박물관

▸141 경주 괘릉 무인석_문화재청

*이 책에 수록된 사진 중 출처가 불명확하여 허가를 받지 못한 일부 사진에 대해서는 저작권자가 확인되는 대로 게재 허락을 받도록 노력하겠습니다.